JP. Guzmán

1

Un café con Leo.

Esta narración esta basada en hechos reales.

Los nombres de los protagonistas, al igual que algunos asuntos, lugares y acontecimientos, han sido modificado para preservar su intimidad.

Un café con Leo.

Juan Pedro Nicolás Guzmán.

Dedico esta edición a todas las personas que han hecho que esto sea real.

A mi mujer:" Por hacerme creer que era posible.".

A mis hijas:"Papa nunca tuvo miedo".

Papa, Mama, mi hermana:"Gracias por lo que NO soy".

A todos aquellos que se encuentran ocultos detrás de los nombres ficticios de este libro, vuestras vidas y fuerzas serán un ejemplo para los demás.

Y por supuesto, quiero hacer una especial dedicación a todos aquellos que me criticaron, que juzgaron mis errores, a los que no confiaron en mi, ya que gracias a ellos, esto a sido posible.

ÍNDICE

Un domingo cualquiera

El despertador había sonado ya por segunda vez, un estrepitoso sonido que acompañado de la luz que emitía el teléfono móvil, hacían la combinación perfecta para romper la inmejorable armonía que presidía en aquella habitación.

—Si no te vas a levantar, apágalo, es domingo... (Suspiró). —Por favor...

Mientras se giraba, agarro parte de su sabana para no quedar destapada, con tono balbuceante matizado con enfado, exclamo Raquel, que había sido invadida sin permiso, en el profundo sueño en el que se encontraba esa mañana.

Guiándose por el instinto de creer saber donde exactamente estaba su teléfono, aquel que usaba de despertador, Carlos saco su mano de debajo de su almohada, y lo mas rápido que pudo uso su brazo que aun dormido, le permitía, lo guió hacia esa fuente de luz que en aquellos momentos traía el día, como el de una ventana abierta al cuarto.

Faltaban unos minutos para las ocho de la mañana pero a Carlos no le importaba, quería tomarse un poco de tiempo para el, para ver esos videos musicales que tan bien le hacen sentir, o para sentarse un poco a jugar a sus videojuegos, que a pesar de sus treinta y siete años, aun lo seguía haciendo.

Este era un hobby que arrastraba desde la infancia, ya que en aquellos tiempos, era el mejor refugio para un niño de poco amigos como él. Nunca fue muy popular, quizás por su peinado de raya en el lado, cuando los mas valientes y osados usaban productos para dejar sus peinados uniformes y hacia arriba, o incluso los mas atrevidos afeitaban parte de sus nucas para que el pelo largo que tenían en la parte de arriba les cayera sobre ella, de tal forma, que se formaba una especie de catarata entre los hombros, o debido a esos kilos de mas que tenia.

Cualquier motivo era bueno para conectar su videoconsola y entrar en un mundo virtual, un lugar que aunque ciertamente no era real, tan solo por unos pequeños ratos al día, le permitían ser lo que quería en cada momento, a veces era un soldado del futuro que venia a salvar el mundo, en otras ocasiones era un conductor profesional compitiendo en una carrera de coches a la máxima velocidad para alcanzar el primer puesto, y otras simplemente, era un muñeco de nieve que tenia que recoger todas las bolas de colores que le ofrecía la fase en la que se estuviese desarrollando su aventura.

Ya como si dos horas hubiesen pasado desde que le despertó su móvil, se encontraba frente a su ordenador, totalmente consciente, por lo que decidió que esta mañana algo de música seria lo adecuado, por algún motivo se sentía bien. Extrañamente tranquilo.

Tras unos largos minutos de videos musicales directamente aplicados a sus oídos a través de sus auriculares, se dispuso a quitárselos, posándolos con cuidado sobre la mesa de cristal que tenia a su lado, junto con su paquete de tabaco y el mando de su videoconsola, que desde que se levanto hasta este momento que emprendía su partida hacia el bar de debajo de casa para tomar un café, permaneció apagado.

Sujetaba la puerta con mucha delicadeza con su mano izquierda, mientras casi simultáneamente con la otra extremidad se la traía hacia el. Procurando que el sonido que produciría el cierre de su casa, fuese lo mas silencioso posible, ya que dentro, aun permanecían su mujer y sus hijas en un profundo limbo.

El brillo del sol le cegó por completo durante unos instantes, había pasado de la tenue iluminación emitida por su teléfono, con el cual se guiaba para poder desplazarse por la oscuridad de su casa, apuntando directamente con la pantalla al cajón de la ropa para elegir lo mas cómodo para este día, a un espacio totalmente abierto, con un sol en perfecta alineación con los árboles que con inmejorable armonía dejaban pasar toda la intensidad de luz que esa mañana el cielo desplegaba.

Pero no le importo, ya que desde este momento y mientras su visión se iba acomodando al cambio, podía hacer todo el ruido que quisiera, ya no molestaba a nadie.

Este pensamiento dibujo una sonrisa en su cara.

El bar estaba solo a unos metros de distancia, antes de darse cuenta, ya se encontraba cruzando el umbral de la puerta del establecimiento.

—Caballero, cierre la puerta por favor...

Unas palabras que Carlos escuchaba pero aun sin ubicar su procedencia.

—¡OH!, ¡si por supuesto!...

Dijo sorprendido mientras apresuradamente se dispuso a ejecutar la orden que la voz le dio, dirigiéndose a la camarera que se sentía molesta por la corriente de aire que se creaba al estar dicha puerta abierta.

La chica le sonrió en forma de agradecimiento.

—Usted perdone, es que estoy durmiendo todavía. (Dijo Carlos mientras dejaba escapar una pequeña carcajada).

El efecto de la broma improvisada creó una risa colectiva entre las demás personas que permanecían allí con sus respectivos desayunos en ese momento. Carlos se percato de la presencia de mas personas en el local, por lo que mantuvo su sonrisa, y procedió a distanciar un taburete de la barra para poder sentarse y tomar un café tranquilo.

El bar estaba bastante bien iluminado, a pesar de sus pequeñas ventanas, el sol podía perfectamente iluminar su interior, anulando casi por completo el resplandor que emitían las lámparas que colgaban del techo.

—Un café solo por favor..

Pidió Carlos mientras adoptaba la postura mas cómoda que aquellos taburetes metálicos le permitían, mientras la camarera procedía en su labor, con sus ojos revisaba su alrededor, tenia la esperanza de encontrar un periódico o simplemente, algo en lo que depositar el tiempo que le llevaría tomar su café. Tras varios giros de cabeza, y a pesar de volver a mirar donde ya antes lo había hecho, su búsqueda se vio frustrada, no había nada para leer.

Pero se percato de una alternativa bastante visible y valida para la ocasión, ya que se encontraba en una posición tan adecuada y meticulosamente estudiada que era visible desde cualquier ángulo del local... un pequeño televisor.

La programación no le pareció muy interesante, estaba en un canal de noticias deportivas, tema que no despertaba ningún interés en él, ya que los deportes comunes no eran en absoluto de su gusto, pero no había ninguna opción mas, a si que se conformo, ya que solo serian unos minutos.

Contemplaba la noticia fijando su vista en leer cada palabra de los subtítulos que iban apareciendo, intentando descifrar a que personaje publico se referían, cuando una fuerte olor a café recién hecho llamo su atención, procedía de su taza, que con mucha delicadeza iba acercándole la camarera manteniendo su pulso lo mas firme posible para no derramar ni una sola gota de aquella obra de arte, ya que habiendo hecho uso de sus dotes de profesional, había dibujado "una hoja", sobre la primera capa de aquel liquido marrón. La taza permanecía humeante.

—¿Me da un vaso con hielo por favor?. Dijo Carlos. (No creo que puedo beber esto hasta mañana), Pensó.

Sintió ganas de reír, estaba realmente caliente, era como si hubiese un pequeño infierno dentro de esa taza a pesar de la superficie tan bonita que presentaba su taza.

—Por supuesto. (Respondió la chica con amabilidad). Unos instantes después, le hacia entrega de la solución para sofocar el incendio que transcurría en su café, un vaso de cristal con forma tubular, aparentemente rayado debido a los cepillos del lavavajillas, con dos cubos de hielo en su interior.

Centro toda su atención en poder mantener su mano firme y fuerte, concentrado y calculando para que cada movimiento fuese el correcto, se disponía a cambiar de lugar el liquido.

La hoja que permanecía dibujada empezó a adoptar una forma alargada, para acabar perdiéndose por completo y ayudando a reflotando aquellas rocas de hielo. Casi media taza estaba en el vaso y de momento no había derramado ni una gota.

—¡¡DIME QUE TE DEBO!!

Una voz atronadora surgió de una de las mesas que permanecían a la espalda de Carlos, siendo tan inesperada para el, y tan abrumadora, que un sobresalto se apodero de la mano de Carlos, depositando esa media taza de café hirviendo sobre la barra y a su vez, sobre el pantalón de aquel hombre que se encontraba a su lado, muy concentrado en una noticia que habían publicado en el periódico de aquel día.

—¡Joder!, Perdóneme caballero no era mi intención, es que...

A Carlos casi no le salían las palabras, su cerebro quería en ese momento desarrollar un millar de disculpas por lo sucedido, pero en ese momento su vocabulario no le acompañaba.

—Lo siento de verdad, yo...

Carlos siguió disculpándose mientras sacaba con mucho ahínco las servilletas de papel para limpiar a la extraña persona que, en ningún momento se había percatado de su presencia y por supuesto no se había dado cuenta, que alguien estaba tan cerca de el, ¿y de donde saco ese periódico?. No era momento de reflexiones, mientras Carlos acercaba su mano cargada con tantas servilletas como le permitía al pantalón de aquel hombre, fue una fuerte carcajada mas una fuerza superior a la suya la que no dejaba finalizar su misión. Aquel hombre sujetaba la mano de Carlos impidiéndole el contacto con su pierna.

—No te preocupes hombre, que no pasa nada...Tranquilo solo a sido un poco de café, no es grave...(Continuaba carcajeándose).

Aquel hombre tenia una voz muy suave, casi susurrante, nada acorde con su constitución corpulenta que mostraba su culto al cuerpo, a pesar de la avanzada edad que tendría, su cabeza no habitaba ningún cabello, todo lo contrario de su cara, por esa barba que sin nacer de ningún punto partía sobre sus orejas cubriendo la parte inferior de su cara.

El hombre cogió algunas servilletas y mientras se frotaba el pantalón escuchaba lo que Carlos le dijo, ya con un tono mas apaciguado y tranquilo:

—Caballero, de verdad que lo siento, es que ese "tipo" me asusto, justo me pillo pasando el café a este vaso y pufff... Es que de verdad, que poca educación tiene la gente por favor... (Su tono de voz fue aumentando mientras hacia referencia al causante de esta situación).

—¿Entonces el culpable de que mi pantalón este manchado por tu café, y ahora me ocasione las molestias de tener que volver a casa a cambiarme, suponiendo que tenga alguno mas disponible, fue ese Señor que solo pretendía poner fin a su estancia aquí, queriendo pagar por los servicios que se le han prestado?.

La pregunta de aquel extraño desconcertó a Carlos.

Dubitativo pero casi sin llegar a entender la pregunta, le contesto esforzándose por aparentar firmeza con su voz:

—¡POR SUPUESTO!, yo estaba muy tranquilo, observando con concentración para no derramar mi café en el traslado de envase.

—¿Como te llamas?

La pregunta de aquel hombre le desoriento por completo, de entre todas las frases que podían acompañar el momento, esa era por excelencia era la menos apropiada a su parecer.

—Me llamo Carlos. (Respondió un tanto nervioso aun).

—Hola...

Alargo su brazo ofreciendo su mano para que fuese acompañada por la suya, mientras que decía.

—Yo soy Leopoldo, Leo para los amigos, aunque la verdad no estoy muy acostumbrado a oírlo.

—Hola Leo, un placer.

La mano de Carlos buscaba la de aquel hombre que a pesar de tener una gran mancha en su pantalón y que seguro notaba la alta temperatura de aquel liquido, en ningún momento perdió su amable sonrisa. Sus manos se estrecharon, y tras unos balanceos típicos de un saludo formal, se separaron volviendo cada una a su sitio de origen, esa fría barra sobre la cual permanecían apoyados ambos hombres.

—Respecto a lo que ha pasado déjame explicarte algo, (Leo le miraba fijamente), según dices, tu estas excluido de toda culpa, ya que a pesar de ser tu café, haber sido tu quien lo ha derramado sobre mi, y quien inmediatamente después de esto ha ido corriendo a coger servilletas para intentar subsanar el accidente mientras envolvías todo esto en mas disculpas de las que procedían, me dices ¿que tu no eres el culpable?.

Carlos permaneció en un absoluto silencio, estaba deslumbrado por aquellas razones, no podía decir nada, pese a que le hubiese gustado, pero su cerebro estaba congelado.

Leo siguió dirigiéndose a él.

—Si de verdad hubieses creído que ha sido culpa del señor que quería pagar, en el momento que te percataste de que el café había sido derramado te hubieses apartado para dejar sitio, para que el culpable pudiera coger servilletas he intentar limpiar o evitar hacer una mancha mas grande sobre mi pantalón. Y en estos momentos estarías escuchando como se disculpa por lo sucedido. ¿No es cierto Carlos?.

Los ojos de Leo percutían en los suyos, con tal magnitud de fuerza que ocasiono que su cabeza se inclinara hacia abajo, empujada aun mas, por los motivos que le estaba dando, por lo que Carlos no tuvo ninguna respuesta que aportar, permaneció en silencio, no se le ocurría nada que le hiciese sentir libre de la acusación.

—Pero la pregunta es, ¿en que situación estamos?.

Carlos, asintió con la cabeza, la sensación de vergüenza, ya estaba en su cara, representada a través de ese color rojo vivo que surgía ante emociones de este tipo.

—Tienes razón, lo siento mucho fue culpa mía, pero sentí tanta rabia que...

Leo le interrumpió y termino la frase por él.

—Que como no somos capaces de aguantar el peso de la culpa la dividimos, y así solo cargaremos con una parte, de este modo nos sentimos menos culpables... ¿Es eso lo que ibas a decir?.

—Pues... La verdad que no... Pero si, reconozco que tienes razón leo.

El bochorno ya estaba empezando a abandonar a Carlos, pero la vacante que iba quedando estaba siendo completada por una sensación de sorpresa, confusión, extrañez, no entendía que tipo de conversación era esta. Lo curioso es que lejos de molestarle, extrañamente fue invadido por una llamada desde la curiosidad.

—No siempre habrá un señor que ha elevado la voz, al cual culpar de nuestro error, por eso, y a pesar de que lo hubiera, debemos asumir la responsabilidad de nuestros actos con sus correspondientes consecuencias.

Leo cogió su taza de te, y empezó a beber pequeños sorbos, con la intención de que esa pequeña taza le durara mucho mas tiempo.

Carlos le imito, era una forma discreta de ladear aquella situación indescriptible para él. Rápidamente y como si el suceso hubiese pasado en otras personas ajenas a ellos dos, mientras que dejaba suavemente su vaso ya sin ningún rastro de hielo dentro de el, en la barra, le dijo:

—Tengo que pedirte una cosa. (Mientras decía estas palabras, una enorme sonrisa de satisfacción surgía de su cara, ya que había encontrado una forma sutil de enmendar su error). —Quiero por favor que me aceptes como disculpa por mi comportamiento un regalo. (Tras una breve pausa continuo). —Yo trabajo en una tienda de ropa, y me encantaría que pasaras por allí y te eligieras unos pantalones nuevos, por favor Leo, no me lo rechaces es lo mínimo que puedo hacer.

—¿En una tienda de ropa?... Suena que es un buen trabajo, (su tono sonaba satisfecho), me alegro por ti amigo.

Otra vez me ha vuelto a hacer lo mismo, otra respuesta improcedente pensó Carlos, pero dada la situación, era consciente de que seria mejor seguirle.

—Bueno, a ver... supongo que si que lo será... Y seguro que a muchas personas le gustaría estar en mi puesto, pero para mi... (No termino la frase, se percato de que no compartían la misma forma de pensar).

—¿Por que dices eso?. (Leo pregunto sorprendido). —En este proceso terrenal de la vida, no hay nada mas hermoso que trabajar en lo que ha uno le gusta, dado que se suelen pasar casi tres cuartas partes de tu existencia aquí, realizando esa tarea.

A Leo le cambio la cara, ese gesto cortés y amable desapareció, su sonrisa se transformo en una expresión totalmente lineal, Seca, casi parecía que le había molestado mas su opinión sobre aquel trabajo, que la mancha cada vez mas amplia que residía en su pantalón.

—A ver, son muchas horas, el horario esta tan mal distribuido que me ocupa prácticamente todo el día, no me deja nada de tiempo para realizar las cosas que me gustan, parece que lo hacen a propósito para que aun sea mas molesto, tengo que dedicarle a esta gente y a su negocio todo el día durante seis días a la semana, bueno y dando gracias que el domingo es festivo que si no... (Mostraba la resignación que sentía en sus palabras). —Respecto a los jefes, eso si que... Es verlos entrar por la puerta y... Una sensación de Control tremenda, no se como explicarte, es un bajón terrible, es que siento como me absorben la energía, y respecto al sueldo, todo para pagar facturas. (Percibió que a pesar de todas las justificaciones negativas que le comentaba, a Leo no parecían sorprenderle, por lo que quiso hacerlo partícipe de su gran problema). Pero lo curioso es que pese a todo esto, hay algo que me martiriza mas todavía, hace aun mas insoportables las horas... (Carlos hizo una pausa, levanto la cabeza, intentando dar paso por su garganta a esas lagrimas que no se permitía que fuesen expulsadas por sus ojos). —No se porque, pero hay un compañero que me hace la jornada aun mas difícil, sus ataques son continuos, siempre tienen algo que decir sobre el trabajo que desarrollo, todo lo que intento mejorar esta mal a su parecer, y siempre la misma justificación, "Para esto no vales..." (De nuevo puso en pausa sus palabras, pero esta vez el silencio permaneció por mas tiempo)... —¿Entiendes ahora a lo que me refiero?.

Leo, clavo sus ojos en los suyos, por algún motivo cada vez su mirada se volvía mas desconocida, daba la sensación que quería penetrar en su alma, a través de esas dos ventanas de su rostro.

—NO. No se a que te refieres. ¿Pero Carlos?, si esto es lo que sientes en cada momento que estas allí, ¿no has pensado cambiar de trabajo?, ¿buscar tu sitio?.

Daba la sensación que el sonido de estas palabras, se estaba convirtiendo en pesadas losas de mármol que reposaban cautelosamente sobre la cabeza de Carlos, las cuales le obligaban a bajarla lentamente dejando descansar su mirada en el suelo negro y blanco de aquel local, casi sin vocalizar, ya que la pregunta no era nueva para él. Mas a menudo de lo que le gustaría esa misma pregunta surgía en su cabeza, incluso a veces hasta imaginaba que era capaz de decidir el dejar atrás aquel castigo, por lo que una vez mas, y dado que nunca había una respuesta, una gran sensación de vacío lo inundo una de tantas, por lo que, acompañado de una gran tristeza contesto:

—No lo se.

Sintió la presión que ejercía la mano de ese hombre que tenia sentado a su lado sobre su hombro, aquella persona que por algún motivo usaba unas palabras y una forma de pensar un tanto curiosa, diferente.

Leopoldo retiro la mano del hombro de Carlos, llevándolas de nuevo a su taza, esta vez no bebió, solo la giró.

Con voz suave, tranquilizadora, y recuperando el gesto amigable y pacifico que le caracterizaba, continuo diciéndole:

—De nuevo se repite la situación que hemos vivido al inicio de nuestro encuentro hoy, las consecuencias de nuestros errores siempre son producidas por los demás, ¿verdad?, como puedes comprobar, la vida es un bucle de continuas situaciones, pasan las mismas cosas una y otra vez, y seguirán pasando, en diferentes ámbitos, con diferentes personajes, en otros entornos, pero todo tendrá el mismo significado, la misma esencia, y hasta que no seas capaz de aprender lo que se te esta intentando enseñar, va a seguir así... Por mas que luches o te esfuerces por superar esas circunstancias, seguirás sin prestar atención. Cada vez estarás mas cansado y mas confundido por lo que entraras en un estado de supervivencia, en el cual el razonamiento no existe. Los eventos que nos van sucediendo se comunican con nosotros mediante este tipo de señales, las cuales debemos de prestar atención, ya que nos están anunciando que el momento del cambio ha llegado.

Leo noto el amago de Carlos de intentar aportar algo a estas palabras, su cara reflejaba la intensidad del sol que lucia fuera, su cabeza ya erguida, denotaba admiración.

—Por favor déjame terminar no me interrumpas... confía en mi, quiero que entiendas algo.

Cogió su taza y en esta ocasión si bebió:

—Imagina por un momento que no tuvieses una hipoteca que pagar, que en la mayoría de los casos suele ser el pago de mas peso mensual. En ese caso tu sueldo ya no seria tan injusto, ¿cierto?. (No le estaba preguntando ya que no dejo margen para una respuesta). —Pues bien, en ese caso, el problema seria otro, las horas, o que trabajo mucho, ya tengo dinero, pero no tengo tiempo, volvamos a suponer que ya no nos ocupa todo el día, solo las mañanas, pues estoy seguro Carlos, y sabes que es así, que el problema seria que no puedes ir al banco o al medico por que tu jornada ocupa

todo el horario de atención al cliente de estas entidades...
Y así sucesivamente. Si nos detenemos un momento y
prestamos atención, no entenderemos que esta función
que estamos desarrollando en ese lugar, no es nuestro
sitio, el trabajo en si mismo en este caso, nos esta
avisando que nuestro lugar no es allí. El problema esta
en que estamos ocupando un "lugar", que no nos
pertenece, en nuestro puesto actual, otra persona seria
infinitamente feliz, y nosotros en el lugar de ese alguien.
(A pesar de que era consciente de que Carlos le estaban
entendiendo quiso ser aun mas claro).

—Imagina que te han dado una bicicleta, en la cual
tienes que recorrer una distancia marcada previamente
a diario, pero cada día que termina, sientes como cada
vez el dolor en las articulaciones de las piernas es mayor,
un tanto sospechoso, ¿verdad?, dado que al ejercitar
diariamente los mismo movimientos cada vez deberían
ser mas livianos y llevaderos, pero no esta resultando de
este modo. Así que un día mas, como otros
anteriormente, nos bajamos de nuestro vehículo y
observamos, pero en esta ocasión revisando
meticulosamente, tomando conciencia del problema y
como nos esta perjudicando, nos percatamos de que por
algún motivo, por alguna circunstancia desconocida para
nosotros, la rueda delantera de la bicicleta no es la
correspondiente al resto de piezas que forman nuestro
vehículo, es un componente totalmente valido, pero no
para nuestro equipo. Nos sentimos al menos aliviados, ya
que desde este momento conocemos el motivo de
nuestras continuas dolencias, pero a la par que nosotros,
dentro de nuestro campo de visión hay una persona que
esta actuando igual, frota sus rodillas doloridas y
permanece sentado con su equipo a corta distancia de él.
Instintivamente miramos basándonos en el causante de
nuestra dificultad y nos percatamos que efectivamente

su rueda delantera no esta en concordancia, pero que quizás con nuestras piezas si, así que con mucha cautela ofrecemos el cambio de la suya por la nuestra. Da lugar el final del día, preparados y a la espera de que el dolor articular diario se presente. Pero no aparece. Iniciamos de nuevo la marcha al día siguiente en el estado de comodidad merecida y adecuada.

Leo observo en silencio como Carlos movía su cabeza de arriba y abajo, dándole la razón a lo que acababa de exponerle. Pero aun no había terminado su explicación.

—En el momento que enfocamos las causas, nos percatamos de que la solución siempre estuvo ahí.

Carlos ya no podía retener mas el silencio, estaba entrando en un estado de trance, ya nada importaba a su alrededor, sentía que en aquella sala solo estaba él y su acompañante, ignoraba rotundamente el estrepitoso ruido que había evolucionado desde que ellos dos empezaron a charlar, debido a que cada vez mas gente residía en aquel local.

—Tienes razón Leo, tienes muchísima razón, en el fondo soy consciente de que este sitio no es para mi, se que no quiero pasar el resto de mi vida de esta manera, siento como el mundo avanza y yo estoy en el mismo punto, pero tengo miedo de no encontrar algo mejor, de no encontrar mi lugar, por lo que prefiero pasar el resto de mi vida castigado, que fallar a mi familia por no haber podido complacer sus necesidades, y en estos tiempos de crisis que estamos soy consciente de que no va a ser tarea fácil encontrar algo mejor...

Se sintió como si le asestaran un gran golpe, como si todas sus armas y armaduras cayeran al suelo dejando su cuerpo y su mente a manos de su contrincante, ya no media sus palabras, acepto la invitación que le ofrecían las palabras de Leo, para poder declarar abiertamente sus pensamientos.

—¿Quieres saber lo que lleva a las personas al hospital?, ¿lo que hace que el lugar con mas sueños, metas, promesas, talentos desaprovechados sea el cementerio?... EL MIEDO.

El cuerpo de Leo que hasta el momento permanecía recto inmóvil, el cual parecía que no quería desperdiciar ni un ápice de energía en nada mas que no fuese dar la fuerza y el sentimiento a las palabras que decía, se inclino con suavidad sobre la barra y prosiguió:

—Si yo ahora que estamos terminando el café, que esta conversación esta llegando a su fin, y desde este punto nuestros caminos se separan, te dijera que me acaban de decir que justo al volver la esquina, hay un perro que esta enloquecido debido a un ataque de Rabia y que a todas personas que esta pasando por ahí, están siendo victimas de sus afilados y enfermizos dientes portadores de ese veneno mortal...¿Que harías?. (Tras esta pregunta Leo guardo silencio).

La respuesta no tardo en aparecer, era como si Carlos ya tuviese preparada su contestación, por lo que sin dudar ni un instante inmediatamente respondió:

—Pues iría por el otro lado. (Afirmo con seguridad). — Pesar de que mi casa esta en dirección contraria, pero prefiero como alguien dijo: "Mas vale perder un segundo en la vida, que la vida en un segundo".

A continuación de estas ultimas palabras, no pudo mas que detenerse un momento sorprendido, no por la pregunta si no, por la respuesta que él había dado, cerrar la frase citando una celebridad, le gusto.

Un golpe metálico surgió de la nada, haciendo que las tazas correspondientes de cada uno de ellos emitieran una vibración semejante a la de una campana que acaba de indicar la hora en punto. Era la mano de Leo que con gran entusiasmo y acompañado de su golpe debido a la excitación por la respuesta de su oyente dijo:

—¡CORRECTO!. Cambiarias tu rumbo, desviarías tu camino debido al peligro que crees que reside en ese punto... Pues querido amigo, déjame decirte que en la vida paso algo parecido.

Carlos no se dio cuenta de que su respuesta no era la correcta, o la que pertenecía a la cuestión. Pero en ese momento es lo que pensaba, pese a este pensamiento, no intento justificarse. Continuo escuchando a Leo con atención.

—En algún momento, la parte inferior de la estructura mundial, a pesar de estar bajo el control de aquellos que mantenían el poder, gobierno, políticos, sistema, como quieras llamarle encontraron la clave del éxito. Y haciendo uso de ella, y bajo su independencia total, empezó la verdadera evolución... Todo el mundo podía permitirse mejorar su nivel de vida, cada persona era autosuficiente de mejorar sus condiciones, fue la mayor inversión en viviendas, artículos de ocio, coches, en todo. Los ciudadanos invertían en calidad de vida. En esos momentos a cualquier transeúnte con el que te cruzaras y le preguntaras, no le importaba quien estuviese dirigiendo el país, a nadie le importaba si había un aumento notorio en el gasto de energía eléctrica, daba igual si el tabaco subía unas monedas, el trabajador exigía el salario que creía que merecía, y el empresario, agradecido de que cada día ese trabajador decidiese volver a su puesto para realizar su tarea lo asumía. Nada de eso era importante ya que residían en un nivel superior a todo eso. Ya no era necesaria que una gran mano que maneja desde arriba les indicara el camino a seguir, que era lo mas beneficioso para todos. Esa mano ya podría descansar.

El tono de voz de la conversación estaba bajando, inmediatamente se había creado un ambiente de secretismo total, que darían paso a las siguientes palabras de Leo.

—¿Pero que habría pasado si ese estado se hubiese mantenido mucho tiempo mas?. —Yo te lo diré... (Se auto respondió).

Carlos escuchaba cada palabra que Leo pronunciaba, a su vez, lo observaba, tenia la sensación de que permanecía en un trance, en un estado de hipnosis total, embaucado en sus palabras, que eran imparables como la caballería mas temida por el ejercito enemigo.

—Que a nadie le importaría que partido a cambio de tu voto te ofreciera una mejor retribución por desempleo, nadie escucharía al que dice que la ayuda familiar va a ser aumentada un dos por ciento, que nadie escucharía al que dice que va a mejorar las cosas....

—"Por que las cosas, ya no podían mejorar mas".

La mano de Carlos marco un golpe seco en el aire para terminar con la palma mirando hacia Leopoldo, ese gesto indicaba que necesitaba hacer una pausa en la conversación, su extremidad era interpretada como la barrera que retiene el agua en una presa, pero en este caso, Leopoldo no tenia la intención de detenerse.

—Espera, un momento por favor... (Exclamo Carlos mientras regresaba su mano a su lugar de origen). —Quieres decirme con esto, ¿que nuestro bienestar, que nuestra calidad de vida, era inaceptada para alguien?

—Quiero decir que los de abajo vencieron, se hicieron autosuficientes, y claro... Eso como tu bien dices amigo, molesto a algunos. ¿Y que hicieron?, soltaron el perro con el ataque de rabia, el mismo que esta aquí mismo al volver esa esquina, el que te obliga a tomar otra dirección... ¿Lo entiendes?. Empezaron a cultivar el miedo, sembraron dudas en campos donde antes solo había alivio y armonía, de tal forma que uno tras otro los convencieron de que guardaran sus intereses ya que algo muy malo estaba pasando, y todo lo que tenían, su nivel de vida, se vería reducido y arrastrado al desastre. Empezaron poniendo ejemplos de catástrofes que, sin que nadie las viera, pero todos las creían..

El silencio se hizo en las palabras de Leo, invitando de tal manera a Carlos a participar, pero ante la negativa, prosiguió hablando:

—A continuación, la alegría que sentían aquellas personas les fue arrebatada, y fueron sustituidos por sentimientos de avaricia, la gente ya no compraba, solo almacenaba, su dinero y algo mas importante, sus ilusiones, tenían miedo de no poder mantener sus inversiones, los empresarios, empezaron a suprimir trabajadores, sacrificando así su actual y exitosa producción, pero a su modo de ver, también suprimían gastos. Las personas empezaron a retraerse, por si acaso les tocaba a ellos la necesidad de"Sobrevivir" en algún momento. De nuevo, la importancia de las subidas de energía, tabaco, prestación por desempleo... Empezaron a preocupar.

Tras decir esto, la mirada de Leo descanso sobre el suelo, permaneciendo allí durante unos instantes, debido a la energía gastada por la pasión que ponía al hablar. En su rostro se apreciaba la disconformidad, su espíritu rebelde no acorde con su edad había hecho su aparición en su rostro. Carlos le observaba atónito, estaba impresionado, por nada del mundo quería ser el culpable de la interrupción de esas palabras, que repercutían en su cabeza como el martillo del herrero. Para su criterio eran las frases mas sabias que había escuchado jamás. Una perspectiva diferente a su realidad.

—¡Miedo!, el miedo otra vez, ya dominaba las masas. (Exclamo Leo, con su cabeza ya erguida, con voz firme, casi acusadora). —¿Lo entiendes ahora?.

Carlos asintió con la cabeza, las palabras habían sido retiradas de su boca, no sabia que decir, la piel de su brazo se erguía como los pinos mas altos que casi rozan el cielo.

—¿Entonces tu me recomiendas?, o bueno mejor dicho, me aconsejas, ¿que deje ese trabajo que mañana por la mañana directamente ni vaya?. Que empiece un camino nuevo en busca de mi sitio?. (Estas palabras subían un tono mas a cada pronunciación, ya que eran portadoras de la sensación que le creaba el "SI, HAZLO" que iba a escuchar a continuación, y seria libre.

De nuevo esa mirada intensa obligaba a sus ojos a permanecer quietos sobre los suyo:

—NO. (Dijo leo tajante, lo que fue una sorpresa para su oyente).

—¡Pero vamos a ver no quiero tener miedo!. Quiero buscar mi lugar, hacer lo que me gusta. ¡Me acabas de decir eso!.

Carlos estaba enfadado, incluso pensó en que si seria posible que no hubiese entendido lo que ese hombre le estaba explicando, pero gracias a esas palabras, lo había visto claro, sentía dentro de el como estaba despertando el guerrero, y esa respuesta, lo volvió a hacerlo dormir de nuevo.

—Carlos, en efecto es lo que acabo de decirte, (con una risa acompañada de una mínima inclinación de su cabeza hacia el), veo que me estas escuchando... Pero hay un detalle en el cual no te has parado, dado que... ¿Y el problema con tus compañeros?, en que lugar dejamos ese tema?.

La voz de Carlos se sobrepuso a las palabras que continuaban sonando, pero tenían tanta fuerza que Leo respeto su intervención.

—¡Esas personas también quedaran allí! A la espera de llegue la siguiente victima que cubra mi puesto, para hacer lo mismo que han hecho conmigo... (Dijo con odio).

—Si, es correcto, tu te iras y esas personas se quedaran allí. (Su tono era tranquilizador, intentaba apaciguar la rabia que era consciente sentía Carlos).

—Pero siento decirte, que en tu próximo trabajo, encontraras a otras personas diferentes, realizando otras tareas distintas, en otro lugar muy lejos de allí, incluso en otra escena, que nada tenga que ver con esta anterior. Pero se repetirá la misma situación. Y se va a estar repitiendo hasta que no seas capaz de aprender lo que la vida quiere enseñarte. Ya que eres tu el que atrae esas circunstancias con tus emociones, con tus hábitos, tus pensamientos. No puedes estar continuamente cambiando eso en tu vida, aquello que te la hace incomoda o difícil, no puedes dejar atrás todo eso que cada día lo hace interminable, por que nunca podrás dejar atrás... ¡NADA!, te perseguirá, te va a estar castigando y el problema siempre va a ser el mismo, y querido amigo, el causante de todo esto... Eres tú, la falta de atención y lo que reclamas en todo momento. Estas tan ocupado en defenderte, en quejarte de lo que esta mal en tu vida, que te dedicas a buscar la solución improvisando, en todo momento en cada acontecimiento, que no te permites escuchar lo que la vida trata de enseñarte, y hasta que esto no pase, no estarás preparado para pasar al siguiente nivel. Estas reclamando un cambio, y para que puedo suceder, antes tiene que morir "algo", para que lo nuevo pueda ocupar el espacio de lo viejo. Pasa igual con las personas... ¿Entiendes?. Las personas se hacen mayores y tienen que morir, para que los jóvenes puedan ocupar su lugar.

Leo se percato del gesto desorientado de Carlos, pensó que quizás estaba saturando su mente al aportar tanta información, que hasta el momento era desconocida para él. Por lo que quiso hacérselo mas fácil.

—Si estuvieras estudiando en el colegio por ejemplo, y a mitad de curso decides dejarlo. Cuando quieras volver a estudiar no puedes pretender incorporarte al siguiente ciclo, tendrías que volver a cursar desde el principio, el mismo que dejaste a la mitad, para poder seguir avanzando en tu carrera escolar. (Leo hizo una pausa en sus palabras). ¿Lo entiendes ahora?. Esto se va a repetir siempre, ¡Carlos siempre!. (La suavidad de sus palabras había desaparecido). Así que, vamos a cursar este nivel actual en el que nos encontramos con éxito, para poder permitirnos acceder al siguiente nivel. Porque si tu no lo rectificas, si no eres capaz de corregirlo, y en algún momento sientes que hubiese sido necesario actuar de otro modo, lo registraras como un conflicto dentro de ti, lo cual ocasionara que las siguientes generaciones se encarguen de rectificar tu "error", si tu no lo haces antes, ya que en la familia, no debe haber secretos.

Carlos se levanto y cogiendo su vaso, con aquel café ya posado en el fondo, tenia la intención de invitar a su acompañante a sentarse en unas de las mesas que había en la terraza exterior de aquel local. Se encontraba un tanto confuso debido a todo lo hablado anteriormente, pese que para era él era totalmente novedoso, sentía familiaridad con aquellas palabras, pero a pesar de eso, le resultaba impresionante. Intuyo que el tema que procedía, sacudiría aun mas su cabeza, por lo que sintió la necesidad de fumar un cigarro en un intento de sofocar su ansiedad.

—Leo por favor, ¿te importa si salimos fuera? Ya me cuesta coger postura cómoda aquí... (Dijo con una sonrisa).

—No, claro que no, ¿vamos fuera?.. (Contesto mientras abandonaba su taburete, siguiendo a Carlos).

Siendo la invitación aceptada, ambos salieron del local portando Carlos ambas consumiciones.

Al fondo casi apartado de los demás había una mesa vacía, que por suerte para ellos, estaba cubierta por un toldo que hacia perfectamente su función de proteger del sol a quien hiciese uso de ella.

Cada uno selecciono su silla siempre estudiando la situación para quedar uno justamente enfrente a otro. El paquete de tabaco de Carlos ya reposaba sobre esa mesa metaliza, redonda aunque un poco descuidada, pero era un buen escenario para continuar su aprendizaje.

Encendió un cigarro, y tras inhalar esa primera calada, su cuerpo no se tranquilizó, la nicotina no era la sustancia que su deposito necesitaba para calmarse, necesitaba saber mas.

Leo retomo la conversación donde justo la había dejado, como si ningún tipo de interrupción hubiese pasado:

—Si en este momento alguien que pasa por la calle te preguntara por alguna dirección, si conoces donde esta el destino que busca, ¿le ayudarías?

—Claro que si, ¿pero eso que tiene que ver?.

Carlos estaba desconcentrado, por un instante pensó que su amigo había perdido el hilo de la conversación, su ansiedad por conocer como combatir a sus enemigos le impacientaba, por lo que cada vez fumaba mas rápido.

—En este caso si eres capaz de detectar que alguien necesita de tu ayuda, de tu colaboración, porque en absoluto te afecta, sea cual sea el destino de esa persona, a donde vaya o porque tiene que llegar allí. El se ira con tu indicación, y tu seguirás en el mismo sitio, aquí sentado con tu amigo, que soy yo. Pues que sepas que continuamente al igual que esta persona del ejemplo anterior, tus compañeros de trabajo, son seres con un destino incierto, victimas del día a día, de problemas y cargas, de dolor, personas que se sienten tan miserables y excluidos del resto de la humanidad, aquellas que esperan que todo cambie de una forma aleatoria, ajena a sus acciones, y que esta variación, los arrastre a ellos hacia un destino mejor. Y lejos de la realidad esto sucederá, porque nada cambia, todo seguirá igual, las personas, las cosas, los problemas, la vida, pero... Lo que si cambia, y es que hace que todo sea diferente, es la percepción de uno mismo sobre las cosas, tu perspectiva, tu enfoque sobre los acontecimientos. La única forma que tienen de sentirse integrados con los demás, es creando un ambiente violento, incomodo, procreando el caos, son personas adictas a la tristeza... Necesitan estar tristes para ser felices.

Carlos no interrumpió en ningún momento la explicación de Leo, que sonreía al percatarse de su gesto con la ultima anotación que le había dicho, su rostro reflejaba el esfuerzo de su mente en intentar deducir esa frase final, por lo que quiso facilitarle el trabajo.

—A ver, hace unos instantes tu cuerpo te reclamaba una dosis de nicotina, ya que eres un adicto a esta sustancia, por lo que antes estabas fumando. Una vez que tu cuerpo recibe esa sustancia, por muy toxica que sea, se relaja. ¿Correcto?. (No recibió respuesta). Pues bien, este tipo de personas son adictas a la "sustancia" que segrega el cerebro cuando están "tristes", por llamarlo de alguna manera, lo que ocasiona que su cuerpo se la reclame, al igual que a ti te pasa con el tabaco, pese a saber que no les es beneficioso, lo necesitan. Y así pasaran una vida de amargura, ya que sienten la necesidad de proyectar en los demás la frustración que anteriormente le han hecho pagar a ellos. Para asimilar que no están solos, que todo el mundo es igual de miserable como ellos se sienten. Por que realmente es como están cómodos, necesitan fabricar su "sustancia", en ese campo de batalla, en el que, déjame que te diga amigo, tu vas a perder. Pero no solo vas a añadir una derrota mas a tu favor, si sigues luchando en su terreno si no que cada vez te costara mas saber cual es tu objetivo real, y perderás el foco de atención sobre lo que realmente importa, ya que solo pensaras en defenderte.

Ninguna palabra fue emitida por la boca de Carlos, permanecía en un absoluto silencio, pero su rostro detonaba en una gran explosión de asombro. En su interior se preguntaba si podía ser cierto que esto fuese así, si realmente estas personas, sus enemigos, viajaran con un equipaje tan pesado.

Siendo consciente de sus reflexiones a la par que escuchaba estas palabras, sintió que ya le parecían tan fuertes los gigantes a los que se enfrentaba, ya no portaban fuertes armaduras, y mejores armas que el, de hecho, ahora se habían vuelto vulnerables. Ya conocía sus secretos. Los motivos de sus comportamientos.

—Camarera por favor traiga un refresco de naranja, cuando usted pueda claro... (Reclamo Carlos acompañado de una sonrisa amable).

La garganta de Leo también empezaba a secarse, pero a pesar de eso continuo:

—Ellos invaden tu espacio, aportando criticas, dando quejas sobre ti, contaminando tu labor, de tal manera que tu ya estas activando tu estado de defensa, abordas las criticas y te defiendes, realizando fuertes ataques contra ellos y el trabajo que ellos realizan, ya que si el tuyo esta mal, el de ellos no tiene por que ser lo contrario. Y es en ese momento donde surge tu transformación, dejas de ser tu, para formar parte de ellos, de su mundo, ahora eres su reflejo, como si frente a un espejo se encontraran. A partir de ahí, cada cosas que haces es interrumpida por nuestro gran enemigo común llamado subconsciente, aportando preguntan que registra, ¿lo estaré haciendo mal?, ¿realmente no es así?, y empezamos una nueva guerra, titulada: "la guerra contra nosotros mismo", aun no hemos terminado la anterior cuando ya tenemos que librar otra, y como tu bien sabes, no podemos atacar en varios frentes, tenemos que seleccionar uno y soltar nuestro ejercito de recursos en esa dirección. Pero dada la falta de un plan y estrategia para este tipo de situaciones, tendremos que improvisar... Y este método, contiene un muy alto porcentaje de probabilidad de llevarte al fracaso.

La diferencia entre ellos y nosotros es que el equipo contrario tiene un plan, conocen perfectamente lo que acontecerá a cada uno se sus movimientos, ya que se ha repetidos en varias ocasiones durante cada día, y eso, hace una suma de muchas veces, por lo que se crea un habito, y un estado de confianza... peligroso.

Carlos asentía con la cabeza, en un intento de mostrar a Leo la conformidad con sus palabras, intentando aportar mas sutileza a sus palabras, las acompaño con los gestos de sus manos, y le pregunto:

—¿Y que quieres que haga?, ¿Como debo de actuar? efectivamente, de hecho estoy preparado siempre para que en el momento que siento su presencia empezar a preparar mi respuesta.

—¡Quiero que tengas un plan!. (Leo alzo la voz, casi instintivamente).

Volvió su tono a su estado normal de conversación, se percato de que a su alrededor habían mas personas las cuales no habían sido invitadas a esta conversación privada.

—Quiero que dejes de improvisar, al igual que preparas la respuesta a sus ataques inminentes, debes visualizar con anterioridad en tu mente la situación, lo mas detallada posible, con la finalidad de que cualquier dato que este ahí, en ese momento te sientas familiarizado con el, ya que el cerebro no sabe distinguir una imagen real de una imaginada, y nos vamos a aprovechar de ese detalle. Y en el momento que se repita, no entraremos en estado de alerta, ya que como te dije antes, "estamos familiarizados" mentalmente con el evento. Cosa que no te resultara muy difícil, ya que cada día, estas en ese entorno. ¿Cierto?.(Leo elevo sus cejas al realizar la pregunta), un gesto desconcertante para Carlos, pero se apresuro en contestar:

—Si claro, sin ningún problema. Visualizare en mi imaginación la escena... (Pese a no tener muy claro cual era el objetivo, se sintió en obligación de aportar una respuesta afirmativa, por lo que presto máxima atención a las sucesivas palabras de Leo).

—En ese momento estas tan ofuscado en tus pensamientos, en tus compañeros, en la situación que hará aparición en breve, que descuidas los pequeños detalles del momento, y querido amigo, esas cosas que normalmente pasan inadvertidas, siendo tus oportunidades para el cambio... Y dado el habito adquirido que tienen, procederán a criticar tus labores, sabes que lo harán. Y tu, haciendo uso de una precisa planificación y reteniendo el instinto de supervivencia natural ante un ataque de esta magnitud, no te defenderás...

El rostro de Carlos expresaba confusión, una vez mas se sentía perdido. (Se mostraría débil entonces, pensó).

—No solo que no mostraras oposición, si no que lo invitaras a formar parte de la tarea, asumiremos que el "corregidor" efectivamente posee mas conocimientos que nosotros sobre lo que estamos haciendo, y que solamente trata de hacer una critica constructiva, por lo que solicitaremos de su colaboración, con palabras sencillas, y dedicando una sonrisa exclusivamente para él, con tono de voz muy cuidado le dirás:

—Si, es posible que este haciendo algo incorrecto... ¿Tu Cómo crees que debería hacerlo?.

El gesto de Carlos cambio por completo, de poseer el máximo nivel de confusión paso a un gesto victorioso, ya estaba entendiendo el resultado.

—En ese momento el individuo en cuestión, entrara en un estado muy conocido por ti... IMPROVISACIÓN. Pero con el incentivo que registra su subconsciente, ya que alguien esta valorando sus conocimientos, lo que aliviara su situación de fracasado. (Leo de detuvo en sus razonamientos ya que pretendía que fuese totalmente consciente, del mensaje que quería trasmitirle).

—Claro esta Carlos, que si queremos obtener un resultado diferente tendremos que usar métodos diferentes, y estos dos ingredientes juntos, en este caso, crearan un efecto, el cual dará lugar a la victoria de esa batalla. Ya que activara su estado de alerta, y tras algún comentario grotesco, se marchara derrotado... Ya que no tenia planificación para esta situación. PERO TU SI.

—Pero Leo entonces, me creo en mi mente la escena de lo que va a suceder, y preparo las situaciones que pueden dar lugar... (Su tono de voz no expresaba mucha confianza). —Mira te seré sincero, así mientras hablamos parece muy fácil, pero una vez que lo tenga delante... Espero ser capaz.

La respuesta de Carlos fue interrumpida por la chica que muy atentamente traía el refresco solicitado, y dedicándole un "gracias" a la camarera, pero Leo prosiguió:

—Por supuesto cabe la posibilidad de que tu reacción no sea la programada, pero ya tendrás consciencia del suceso y de cual era la respuesta correcta, y con esto habrás conseguido que a la siguiente vez, tengas mas fuerza.

La abrumación se había instalado en el cuerpo y la mente de Carlos. Hoy se presentaba como un día cualquiera, no muy diferente a los anteriores seis que completaban su semana, igual que cualquier otro domingo anterior, en ningún momento pudo llegar a imaginar, que de boca de un desconocido recibiría estos sabios consejos, que le estaban cambiando la vida. Estaba acostumbrado al típico, "no te preocupes", "todo cambiara", "ahora es lo que toca", del resto de personas con las que trataba este asunto, eran las soluciones que le aportaban. Pero en esta ocasión, fue totalmente diferente. Era consciente de que dada toda la información recibida, tendría que dejarla reposar en su cabeza y recapitular mentalmente esta conversación, ya que por algún motivo, pensaba que esa forma de actuar, detonaría en un cambio radical. Le costaba mucho trabajo creer , que podría ir a trabajar cada día, sin preocuparse, sin que cada hora pesara con la fuerza de un día, su estomago ya no se quejaría mas por consecuencia de sus malos pensamientos... sintió una necesidad imparable de intentarlo.

—Leo, de corazón te agradezco tus palabras, de verdad, creo que nadie me ha aportado nunca una visión de las cosas como tu has hecho. yo te doy mi palabra que voy a hacerte caso, es lo mínimo que puedo hacer a cambio del tiempo que me has dedicado esta mañana. (Carlos hizo un pequeño silencio). —Es mas, ¿que te parece si nos vemos mañana o te llamo y te cuento como ha ido?, supongo que te gustara saber que no has perdido el tiempo conmigo y que te he hecho caso. (Carlos mantuvo la mirada en Leo, esperaba ansioso su respuesta. De corazón le estaba agradecido).

—No te preocupes amigo, yo creo en ti, y se que vas a ser capaz de aceptar el cambio. (La respuesta de Leo no fue la esperada, pero aporto mucha paz a Carlos). —Mira, vamos a hacer una cosa, quiero que tomes nota de mi numero de teléfono.

La propuesta puso una sonrisa en el rostro de Carlos, la idea de poder localizarlo en cualquier momento le hizo sentirse mas tranquilo.

—Pero con una condición. ¿Estas dispuesto a aceptarla?.

Casi antes de pronunciar la ultima palabra, Leo había sacado un bolígrafo de su bolsillo, de aquella camisa negra que vestía, y cogiendo una de las servilletas de papel, empezó a anotar una serie de números, que al terminar, oculto poniendo su mano encima, impidiendo de este modo que los ojos de Carlos pudiesen ver lo que estaba escrito. Solo quedaría desbloqueado y pasaría a su propiedad esa numeración, si aceptaba la condición impuesta por el.

—¡Acepto!. (respondió con afán, era consciente de que necesitaba ese papel).

Carlos no pudo evitar soltar una carcajada, esta situación, este momento le pareció divertido, pero pese a todo eso, la atenta mirada de Leo le estaba poniendo nervioso, y por supuesto, había aceptado su condición antes de conocerla, pero necesitaba ese papel.

—Ok, perfecto. (La mano de Leo que continuaba sin ser levantada de la servilleta, fue empujada hacia la dirección de Carlos, haciéndole entrega de ese trozo de papel con su numero).

—Solo te permito una llamada.

Su tono de voz era firme, una sentencia. El rostro de Leo había vuelto a cambiar.

A Carlos eso no le gusto tanto, pero también entendía que este hombre tendría su vida y sus cosas, por lo que continuamente no podría estar pendiente de el decidiera hablarle. En su mente advirtió que no le había hecho ninguna pregunta sobre su persona, que no tenia ningún tipo de información sobre él, desconocía cual era trabajo, no sabia si tenia familia, pero en estos momentos algo le preocupaba mas que todo eso, necesitaba saber cuando volverían a verse, debía firmar verbalmente su acuerdo, por lo que con tono de conformidad, Carlos le contesto.

—De acuerdo, lo intentare... No se si seré capaz. (Sonrió). —Era broma, por supuesto, solo una llamada, pero Leo, ¿cuando podré volver a verte?.

—¿Solo dispones de los domingos no?.

—Si, (Contesto Carlos con resignación).

—Pues el domingo nos volveremos a ver, aquí mismo, donde todo empezó.

—¡Fantástico!. (Una sensación de tranquilidad lo estaba invadiendo, era necesario volver a verlo).

A partir de este momento solo pensaba en pasar la semana lo mas rápido posible y revivir estos momentos, que le aportaban tanta sabiduría. Carlos era consciente de que la conversación había llegado a su fin por hoy, ya que el día estaba planificado, y tenia que dar comienzo.

—Leo, tengo que marcharme ya, muy a pesar de verdad...

—Si por supuesto, yo también, ya se ha hecho algo tarde.

Ambos se levantaron, mientras que sus cuerpos desplazaban sus respectivas sillas hacia atrás, quedando liberados de aquellas estructuras metálicas, sus miradas seguían entrelazadas.

Las manos de ambos volvieron a estrecharse, en un fuerte apretón entre ellos.

—¡Un momento!. (Dijo Carlos pese a romper la magia del momento). —¿A que hora nos vemos el domingo?

La carcajada de Leo le sorprendió.

—Tranquilo, tu descansa, y cuando estés preparado ven, yo ya estaré aquí.

—De acuerdo.

Carlos no quiso insistir mas, pese a que esa respuesta no le convenció demasiado, no había ningún problema, tenia su numero de teléfono, y eso le aportaba tranquilidad, a pesar de que solo tenia el permiso para una sola llamada.

Cada cual siguió su camino. Mientras Carlos guardaba su turno esperando en la barra, con intención de hacer el pago de su cuenta, veía como a través de aquella puerta de cristal que independizaba el local del exterior, su gran y misterioso nuevo amigo, se perdía por las calles de su barrio, aun sin conocer cual seria su destino.

Con paso firme y decidido, puso dirección a su casa, en su cabeza aun resonaban las palabras que había escuchado de Leo. Sacó las llaves de su bolsillo y durante unos instante selecciono la que le daba acceso a su edificio a través de esa gran puerta de barrotes verdes de hierro.

De nuevo sentía la oscuridad, debido a la diferencia de luz con la calle.

Tuvo que realizar la misma maniobra para poder entrar en su casa, en esta ocasión el acceso fue mas silencioso.

Entro con mucha cautela, ya que desconocía si dentro aun estaban durmiendo, pero se dispuso a entrar. Tan solo había desplazado unos centímetros la puerta, cuando se percato de que la casa había cobrado vida.

—¡Ya estoy aquí!. (Anuncio Carlos, declarando así su llegada).

—Donde has estado?, ¿has tardado mucho, vamos a llegar tarde?. (Dijo Raquel con tono malhumorado mientras se encontraba apoyada sobre el fregador. Inmediatamente cerro el grifo).

Mientras él se aproximaba con intención de besarla, ella se giro para recibirlo, cumpliendo de este modo, su ritual cotidiano de llegada a casa.

A pesar de que Carlos se apresuro en contestar, una duda brotaba en su cabeza:

—¿Como le explico lo que ha pasado?. (Si ni si quiera yo mismo lo entiendo).

Se que ya esta harta de escuchar mis quejas con referencia a mi trabajo, esta cansada de permanecer en riguroso silencio mientras yo desato mi furia contra mi situación, pero ahora tengo un plan, ahora es el momento de poner en practica los sabios consejos que un desconocido me ha aportado y cambiar la perspectiva. No lo entenderá.

—Había mucha gente...

De todas las respuestas esta era la mas absurda. Pero tenia mucho que asimilar y en este momento se encontraba un poco desorientado.

Raquel suspiro, demostrando así su insatisfacción con la contestación recibida, pero no había tiempo para muchas mas explicaciones, la familia de Carlos los esperaban, ya que habían sido invitados a comer, como cada domingo.

—Venga Carlos por favor, cámbiate que nos tenemos que ir, ahora no te vayas a poner a jugar a la consola. Las palabras de Raquel se alejaban por el pasillo, mientras se dirigía a una de las habitaciones de sus hijas:

—¡Chicas vamos! Que ya esta aquí Papa. (Su tono era tierno, suave, totalmente diferente al que uso con Carlos).

—¡Es que Lidia no se quiere peinar!... (Dijo Sandra entre carcajadas, justificando así y evadiendo su responsabilidad como hermana mayor. Siempre le resulto divertida esta reacción de la pequeña).

Carlos permanecía aun en el punto exacto del inicio de la conversación con su mujer, estaba escuchando las risas de sus hijas, los sonido que emitían los maquillajes de Raquel al ser dejados sobre el lavabo.

Su mirada se clavo en la profundidad del cuarto de lidia, donde estaban las dos hermanas, el cepillo del pelo permanecía en el suelo, y una montaña de pequeños juguetes separaba a una de la otra.

—Venga chicas, ¡vamos ya!. (Dijo con tono serio).

—Si vamos. (Respondieron ambas niñas al unísono).

Ya todos se encontraban en situación de abandonar el hogar y dirigirse a la siguiente tarea programada para el día.

La Comida familiar

—¡Mari siento llegar a estas horas!. (Raquel se disculpo, dirigiéndose a la madre de Carlos, mientras que el resto de la familia aun no había bajado del coche).

Resultaba curiosa la tranquilidad que se respiraba en aquel retiro, a tan solo escasos kilómetros de la civilización, y a pesar de la ausencia de tabiques, ya que tan solo eran dos caravanas ancladas al suelo unidas por una lona, realizando la función de techo, era un buen lugar para escapar, y poder reunirse al menos un día a la semana con su familia. Como en todas las pequeñas comunidades siempre había alguna diferencia con los vecinos, pero era lo que característico de aquel lugar. Sin las continuas polémicas que se creaban, no seria lo mismo, incluso seria aburrido. Pensó Carlos mientras su cara reflejaba una sonrisa. Le pareció gracioso.

—¡La comida ya esta preparada!, ¡daros prisa que se enfriara todo!. (La madre de Carlos reclamaba al personal que tomaran su posición en la mesa).

El evento transcurrió con normalidad, el silencio abundaba en aquellos momentos, no debido a la falta de conversación de los comensales, nadie quería interrumpir el enorme placer que les aportaban los platos que cocinaba la madre de Carlos.

Ya en la sobremesa, la cafetera emitía su sonido característico, avisando así que estaba terminado el proceso que todos esperaban.

Era el momento de finalizar el silencio, y fue por la pregunta que realizo la hermana de Carlos, mientras que se dejaba caer de forma paulatina sobre el regazo de su marido Pablo.

—¿Bueno y que tal os ha ido la semana?.

Inmediatamente Carlos levanto la mirada, dispuesto a contestar pero Raquel se adelanto, y comenzó a rememorar los mejores momentos de su semana, momentos divertidos, y según se iban agotando, dio paso a sus dudas, "no se cuanto aguantara mi tienda", "no entra suficiente gente", dado el peso de las incertidumbres, se apreciaba en su tono la preocupación.

—¿Y tu Carlos?, estas muy callado hijo. (Pregunto su madre, mientras clavaba sus ojos en él, haciendo uso de su instinto maternal, y de la gran psicología natural que poseía, tenia la sensación de que algo no iba bien. Carlos estaba diferente).

—No mama que va, (Dijo algo apresurado). —Es que estaba pensando... Que bueno, sabes que siempre suelo quejarme, y quizás no sea tan malo mi trabajo ¿verdad?. —Tu siempre me lo has dicho.

—¡Claro que no!, ten en cuenta que es un trabajo muy digno como cualquier otro, y tal y como están las cosas, hay que trabajar en lo que sea.

Un escalofrió recorrió el cuerpo de Carlos, acababa de recordar la explicación de su amigo Leo respecto a la "crisis" el perro que esperaba en la esquina con rabia etc..

Pensó que seria un buen momento para aportarla. Mientras informaba a los demás sobre su teoría, observaba con detenimiento los gestos que iban surgiendo, mayormente de asombro. Nadie había tenido antes un punto de vista parecido.

Al terminar, y por unos instantes, nadie hizo ningún tipo de comentario. Por lo que Carlos entendió que estaban esperando algo mas. Una conclusión.

—De tal forma (Prosiguió), que si cuando empezó toda esta polémica, las personas hubiesen detenido sus rápidas vidas, quizás se hubiesen percatado de que no era real, que solo trataban de infundir miedo, para no perder el control sobre ellas.

Pero claro la gente vive con demasiada prisa, sin planificación sobre nada, solo esperan a ser arrastrados por los cambios, y ante una situación de este tipo, parece que sacan el manual de "soluciones para los problemas de la vida", buscan su problema y ya esta según lo que diga así aplican, y por supuesto obteniendo los mismos resultados que la persona que lo escribió, y de las tantas otras que lo hicieron igual... (Todos empezaron a reír, les parecía gracioso imaginar que existiera un manual de este tipo en el cual mirar como resolver el día a día).

Pero Carlos lanzo una pregunta para todos:

—¿Y si realmente ese manual existiera?, qué bueno, no existe esta claro, pero las personas resuelve de una forma muy parecida sus problemas. Si alguien que ve el "manual", ¿hiciese lo contrario a lo que pone?. (La hermana de Carlos se incorporo esperando la respuesta de este).

—Pues que los resultados... Serian diferentes. (Dijo Carlos entonando con seguridad, inmediatamente pensó en su amigo Leo). —El si tendría una buena respuesta para esta pregunta.

Estuvo tentado en varias ocasiones de nombrarlo, comentar un poco su experiencia con aquel extraño, era el momento perfecto, y un buen tema de conversación mientras que las niñas dormían, pero por algún motivo que desconocía, no se atrevió. La hermana de Carlos parecía satisfecha con la respuesta.

El paso del tiempo era imparable, y en ese estado de libertad daba la sensación que cada minuto que pasaba, adelantaba una hora el reloj. Entre risas y comentarios de los participantes en aquel día, la tarde avanzaba, pero era irremediable para Carlos, dado su habito de controlar la hora en todo momento, evitaba posar sus ojos en aquel reloj que permanecía encima de la lavadora que su madre tenia casi en medio de ningún sitio, en previsión de en algún momento hiciese falta lavar con urgencia, por supuesto desde que la coloco allí no hizo uso de ella, pero era mas fuerte la lucha contra su instinto de bienestar de los suyos que la incomodidad que le suponía tenerla allí.

A pesar que el reloj anunciaba que aun era pronto para volver a casa, por lo que podría disfrutar mas de la compañía de los suyos, Carlos se sentía algo incomodo, era consciente de que no se debía a ningún fenómeno ajeno a él, ya que el momento era insuperable, todo estaba en orden, pero las palabras de Leo estaban empezando a hacer efecto, muy semejante a un medicamento tomado, y después de unos momentos, empieza a replegar sus atributos y comienza la lucha contra el dolor. Se mantenía ausente a las conversaciones que tenían los familiares, intentaba recordar cada palabra que había escuchado, tenia algunas lagunas mentales, pero de lo que si mantenía en un altísimo porcentaje, era de la sensación que le causó.

Cuando recordaba sobre esa mañana, sentía algo extraño, por una parte el temor a empezar el nuevo día que cada vez estaba mas cerca, ya que este, pronto llegaría a su fin, y por otra parte la necesidad de enfrentarse a su miedo...

La noche ya se dejaba ver, la luz que brillaba entre los árboles que rodeaban sus caravanas se estaba apagando, ya no tenia tanta intensidad, se escuchaban los motores de los vehículos de los vecinos que también abandonaban el lugar, entre voces de despedidas y otros sonidos, oficialmente se anunciaba, la hora de partir.

El viaje hacia casa fue lento, mas que de costumbre, Carlos no tenia gana de llegar, sabia que a partir de ese momento, sus ultimas horas de libertad terminarían, y darían paso al temido lunes, que por norma general, los lunes no eran de su agrado, pero este en concreto, seria diferente. Rápidamente quiso pensar en otra cosa, pero cuanto mas esquivaba el pensamiento, con mas fuerza volvía a su cabeza, se dio cuenta de que era una lucha perdida, por lo que dejo que fluyera en su mente, hasta que por decisión propia, lo abandonara.

Casi sin saber como, ya estaba en su destino, había llegado por inercia, estaba tan absorto en su pensamiento que separo el cuerpo de su mente.

—Ducharos que yo preparo la cena. ¿Vale?. —Que no quiero que se haga muy tarde. (Dijo Raquel mientras se colocaba su delantal para no manchar su ropa).

—De acuerdo.

Carlos invito a las niñas a ducharse con el, seria un momento divertido ya que la pequeña lidia, disfrutaba mucho salpicando y llenando sus muñecos de agua.

El paso por el agua relajo los ánimos de todos, en sus rostros habían gestos de cansancio, relajación, había sido un buen día, y que ahora he inevitablemente había llegado a su fin, al igual que esa maravillosa cena que Raquel había preparado.

Las niñas casi tirando de sus cuerpos, caminaban arrastrando los pies debido al agotamiento del día, se dirigieron a sus respectivas habitaciones, aislando a sus padres que aun permanecían en la mesa.

—¿Nena como vas de sueño?, ¿quieres ver una película o prefieres dormir ya?.

—Estoy cansada Carlos. (Un bostezo acompaño la ultima palabra de la repuesta de su mujer).

—Vale nena, acuéstate yo voy a relajarme un poco y voy, enseguida me acuesto. Te quiero.

Mientras observaba como Raquel se dirigía a la habitación, Carlos se levanto intentando localizar su cenicero, como nadie mas aparte de el fumaba, a veces le costaba encontrarlo ya que solo había uno, el suyo.

Mientras que Carlos iba consumiendo aquel cigarrillo, su mente casi sin ser consciente, hizo llegar el día siguiente, ya se estaba imaginando como seria entrar por aquellas grandes puertas de cristal, que le privaban de su libertad unas horas al día. Imaginó que recorría su lugar de trabajo, tenia una imagen totalmente nítida de todos los detalles, recordaba a la perfección como permanecían las cosas, ya que el fue el ultimo en salir, y por supuesto seguiría así ya de igual forma, era el primero en entrar.

Dejo tras de el su cigarro mal apagado, aun humeante y se dirigió a reunirse con su mujer, que aunque dormida lo esperaba para que el descansara a su lado.

Como era costumbre encendió su televisión, realmente no buscaba ver nada en concreto, ya que esta noche no era lo importante, tenia una misión que realizar, tenia que planificar su día de mañana, tenia que estar atento, no podía permitir que ningún tipo de distracción contaminase sus pensamientos, por lo que decidió apagarla.

La oscuridad era total, absolutamente nada de luz se filtraba en aquel cuarto, por fin, en ese momento del día no se sentía observado, ya podía esconder todas las mascaras que mostraba durante el día, ya que escondido tras esa oscuridad, nadie podía fijarse en su verdadero

YO. Ese Carlos en estos momentos temeroso, nervioso, inquieto, nadie sabia su plan, no había contado que mañana, enfrentaría un reto personal, pero la duda que mas le castigaba era: *¿seré capaz?*.

No avanzo mucho el reloj cuando el sueño fue el ganador de la lucha que Carlos mantenía con aquel lunes que en breves horas haría presencia.

A pesar del poco tiempo que creyó dedicarle, lo tenia todo bastante claro, reforzó mucho la idea de no rendirse, evaluó la posibilidad de que por algún momento de despiste o falta de atención dejase las cosas pasar como de costumbre, pero se prometió a si mismo que seguiría intentándolo. Y bueno siempre calmando su mente recordándole que tenia el teléfono de Leo, por si acaso tuviese que recurrir a el, ya que era el único que sabia su secreto y el que le incito a intentar mejorar su estado allí, y resolver su conflicto.

Lunes

El despertador no había sonado aun, pero los ojos de Carlos permanecían abiertos, intentando recuperar el tiempo que no puedo dedicarle a su planificación la noche anterior, pero ya era tarde, ya no había sitio para esto, era el momento de empezar la lucha.

Sentado sobre la cama, bajo sus pies notaba el frío suelo , pero mentalmente se repetía una y otra vez:

— *Hoy es un gran día, voy a vencer.*

— *Hoy es un gran día, voy a vencer.*

— *Hoy es un gran día, voy a vencer.*

Cada repetición, parecía incluso mas creíble que la vez anterior, y como si estuviera absorbiendo la energía de su entorno que en aquel momento, seguía en total oscuridad, se sentía fuerte.

Declaró al mundo su intención de hacer algo diferente, cambiando su vestimenta cotidiana compuesta de traje de chaqueta negro cubriendo a una de sus camisas negras, con un único aporte de color, una corbata granate, por unos pantalones rojos, regalo de su mujer por uno de sus cumpleaños, y un polo negro básico, sencillo. De tal manera que solo poner un pie en la calle, el universo al verlo sabría que algo estaba cambiando.

Como de costumbre preparaba su ritual de todas las mañanas, preparaba su café rellenando directamente su cafetera con agua hirviendo para acelerar el proceso. Espero pacientemente. A falta de mas de una hora para que su jornada laboral empezara, Carlos se percato de que hacia ya algún tiempo que no daba uso a su videoconsola, y decidió encenderla, ya que aquel aparato en mas de una ocasión fue su única compañía.

Por algún motivo su juego habitual en estos momentos no le parecía tan entretenido, así que decidió apagarla. Era consciente que algo ocupaba toda su atención, empezó a preguntarse como dio lugar a encontrase en esta situación, quien fue el paciente cero, en que momento nació este problema. Por que desde el primer momento que noto la victimizacion por parte de otra persona, no se puso en su lugar, y en cambio dejo que cada vez lo humillaran mas, él no era una persona cobarde, o por lo menos no se consideraba de este modo.

Asumiendo todos estos pensamientos, recordó algunos acontecimientos de su infancia.

Mentalmente fue transportado a aquella época, a esos momentos en los que sentía la violencia de un compañero de clase, que sin motivo alguno, arremetía con el continuamente, en aquellos instante era mas dolora la sensación de vergüenza, que la de los golpes que le propinaban.

Estaba claro que aquellos sucesos fueron traumáticos para Carlos, quizás por su tan corta vida, pero estaba reaccionando actualmente igual que ante ese evento, sentía como si volviese a tener esa edad.

Recordó unas palabras que Leo le dijo:

—(...De nuevo se repite la situación que hemos vivido...)

Carlos sacudió su cabeza, estaba sorprendido. Había casi sin quererlo, encontrado el origen de este problema, ya que aun permanecía sentado, se dejo caer hacia atrás, bebió un poco de café y dejo fluir la sensación de victoria por su cuerpo.

Para él, ya era muy importante encontrarse en ese punto, empezó a darse cuenta por que en su circulo de amistades, el siempre permanecía en segundo plano. Disponía de muchas preguntas que solo él podría contestar, pero esta vez, el reloj no corría a su favor, a tan solo unos minutos de tener que situarse en su trabajo, tuvo que aplazar esta reflexión, y con toda la prisa que podía darse, empezó a vestirse.

Debido al habito diario acompañado de la falta de tiempo, saco del armario su traje negro y su corbata granate, con el que el se protegía.

Pero no hizo falta mucho mas tiempo cuando procedió a guardarlo, tenia presente "el cambio" que acontecía hoy, por lo que saco su pantalón rojo y su polo negro de manga corta.

A pesar de la cercanía en la que se encontraba su trabajo, hizo uso de su moto, tan solo eran unos ocho minutos para llegar, pero esos minutos le depositaban una sensación de libertad, y no desperdiciar un segundo en llegar a su hogar, donde finalmente volvía a ser él.

A tan solo unos metros y cada vez menos distancia se encontraba el acceso a su infierno diario, aparco su moto al final de la calle con la intención de poder apurar esos últimos momentos para utilizarlos en su planificación, ya que el momento de empezar la jornada había llegado.

Según se iba acercando los compañeros le esperaban sentados en el saliente de uno de los escaparates mas cercano a la puerta.

—Buenos días. (Dijo Carlos simulando alegría).

Intentaba aparentar que todo estaba en orden, que había sido un buen domingo de descanso, y fingiendo venir preparado para aportar un máximo rendimiento. Y por supuesto, esperando algún comentario debido a su nueva vestimenta.

—Buenas... (Respondieron todos casi al unísono).

Omitieron decir nada de su nueva ropa, paso totalmente inadvertida para ellos.

—¿Qué tal ayer?. (Le pregunto su compañero Antonio con una sonrisa). —Hubiese estado bien un día mas ¿verdad?.

La carcajada fue general.

—Bueno chicos voy a abrir ya.

Carlos busco las llaves de la tienda en su bolsa, era una de sus funciones ya que los dueños nunca llegaban puntuales. Abrir y cerrar cada día.

Mientras la pesada persiana metálica ascendía emitiendo un sonido seco, se escuchaban los murmullos de fondo de los demás, contándose mutuamente las hazañas del día anterior.

Mientras Carlos conectaba la iluminación del local, los demás se posicionaban en sus puestos, cada uno sabia cual era su función, que tarea tenían que desarrollar allí.

La mañana había empezado con armonía, incluso llego a pensar que todo se había alineado, que sin esfuerzo por su parte todo estaba arreglado, y siendo así, ¿para que tanto sufrimiento?, ayer el tiempo que dedico a luchar contra sus amargos pensamientos, podría haberlos empleado en prestar mas atención a su familia.

Pero pronto se dio cuenta de que no fue en vano el esfuerzo que realizo. Ya que tras de si, notaba la presencia de su acosador, mientras daba la espalda a ese gran espacio cargado de ropa que permanecía tras él, con sus sentidos aparentemente ocupados en dejar en perfectas condiciones una mesa llena de pantalones y camisetas que los clientes habían amontonado anteriormente.

La sombra se mantenía en un silencio incomodo, sabia que estaba siendo observado, por un momento sintió la furia que siempre le abordaba en este tipo de ocasiones, pero paro sus manos, respiro profundo y esperó...

—¡Carlos!, como no te des prisa, empieza a venir la gente y no avanzamos, tenemos mucho que hacer, ¡el sábado se quedo todo hecho un desastre!...

Su nombre fue dicho en un tono alto, brusco, escondiendo la intención de asustarlo, de intimidarlo desde la primera palabra, la orden procedía de su compañero Cesar, implacable, critico. Como siempre.

Del mismo modo que un interruptor da paso al flujo de electricidad, por unos instantes la furia de Carlos se desato, pero se había hecho una promesa a el mismo, por lo que su mente volvió a pulsar ese mecanismo interrumpiendo así el flujo de energía. Lo que le permitió girarse quedando frente a frente a su enemigo, y dejando sus ojos puestos en los suyos le dijo:

—Cesar... (Su voz era pausada, tranquila), si quieres, puedes ayudarme, entre los dos terminamos esto en un momento, yo se que tu eres bastante hábil doblando y después yo te ayudo a ti en lo que te vayas a poner a hacer... (La ultima palabra fue inmediatamente seguida de una ligera sonrisa).

Permaneció atento a la esperada respuesta de su adversario, pero daba igual lo que dijera estaba muy contento, lo había conseguido, se había enfrentado.

Para su sorpresa, la contestación tardo en llegar pero al fin resonó:

—¡Pero que dices!. ¡Yo no voy a hacer tu trabajo!.

Carlos se percato que el tono de voz que escuchaba había perdido fuerza, no sonaba tan brusco, tan tajante.

Con aire malhumorado, Cesar se giro separando su mirada, y partió hacia otro punto de la tienda. Intentando crear la máxima distancia entre ellos.

Carlos se sentía eufórico, fue capaz, lo había conseguido, los acontecimientos habían cambiado, en cualquier otro día anterior, aun estarían ambos gritándose, buscando la manera de hacerse daño verbalmente, pero esta ocasión, a pesar de no a ver finalizado el día, aun podría despertar la bestia interior. Este acontecimiento merecía llamar a Leo.

Casi guiado por el estado de emoción estuvo cerca de hacerlo, pero recordó que solo le fue permitido llamarlo una vez, por lo que mejor esperaría, quizás necesite hablar con él en otro momento mas importante, aun quedaba mucha semana por delante.

Seguía en el mismo sitio, haciendo la misma tarea que empezó cuando llegó, aun quedaba mas de media mesa por organizar, la puerta no cesaba de abrir y cerrar, ya estaba cobrando vida el negocio, los clientes empezaban a inundar el local.

—Que prisa tiene la gente hoy...Que barbaridad.

—¿De donde procedía esa voz tan familiar?, se pregunto Carlos para si mismo. —¡No me lo puedo creer!.

Cesar estaba a su lado, seleccionando las camisetas ya que Carlos se había declinado por los pantalones, pensó que seria mejor hacer como si nada extraordinario estuviese pasando, y seguir con naturalidad sin darle importancia.

Al cabo de un rato, la mesa quedo perfectamente perfilada, todo bien alineado, incluso se permitieron bromear entre ellos, respecto a volver a desarmarla.

Pero no era buena idea, ahora tocaba el turno de ayudar a Cesar.

Por unos momentos revisaron a groso modo la tienda, intentando buscar aquella zona que requería de mas atención, una vez localizado el objetivo, se dirigieron allí, con la finalidad de dejar la siguiente mesa tan bien terminada como la primera que habían compartido.

La mañana trascurría de manera inmejorable, los jefes habían llegado pero no se hizo notable su presencia, para Carlos seguían ausentes.

A pesar de todo, el seguida atento, no podía bajar la guardia tan rápido, no podía concebir que tan solo con unas palabras, obtener un cambio tan radical. En cualquier momento se desataría la disputa otra vez.

Pero no quería dedicar su pensamiento en eso, no debía atraer como bien le dijo Leo en su momento, esas circunstancias a su vida. Enderezando sus ideas hacia un camino mas positivo, y a pesar de algunas contestaciones de su compañero Cesar que parecían imposibles de retener, Carlos siguió proyectando buenos pensamientos hacia él.

Las horas pasaban muy despacio, desde esta sensación de paz, por algún motivo, el tiempo pasaba mas despacio, era consciente que el plano del mundo que se veía tras sus grandes escaparates corría mas rápido que en aquella cúpula.

La mañana había llegado a su fin, todos reorganizados en el final del mostrador, recogiendo donde previamente habían dejado sus pertenencias, se disponían a hacer un descanso de escasas tres horas hasta el nuevo encuentro. Con el Mismo sitio, misma gente, mismas situaciones.

En los breves minutos del camino a casa Carlos iba recordando los acontecimientos, se sentía muy orgulloso de haberlo conseguido, había enfrentado su temor, su debilidad.

Ya en casa, mientras preparaba algo de comer, ya que Raquel y las niñas estarían al llegar también, una idea nació en sus pensamientos, y siendo consciente del resultado obtenido esta mañana, se pregunto: ¿Qué mas debo cambiar?.

El pensamiento no duro mucho, ya que la urgencia de cocinar y preparar lo máximo posible para que cuando su esposa apareciera, estuviese todo preparado, no le permitió evolucionar esta idea.

La puerta se abrió, y Raquel hizo su aparición con un elevado:

—¡Ya estoy aquí!.

—¡Vale nena!, venga ponte cómodo que comamos que podamos descansar un poco, respondió Carlos al saludo.

—¿Y las niñas?.

—Querían comer con tu madre. (Contesto Raquel desde la habitación, mientras seguía las instrucciones de Carlos).

Ambos se encontraban sentados a la mesa, el silencio fue interrumpido por las palabras de ella:

—¿Que tal te ha ido a ti la mañana?.

El cubierto de Carlos descanso sobre su plato, la pregunta le resultaba mas satisfactoria que seguir alimentándose, con la cabeza erguida, y dirigiendo su mirada hacia Raquel le contesto:

—Pues... La verdad que bastante bien, (Su sonrisa, reflejo otra en el rostro de su esposa, que sin saber por que también sonreía), no ha venido mucha gente la verdad, pero nos a dado tiempo a avanzar bastante. ¿y a ti que tal?.

—Regular nene regular, yo no se si será por la fecha pero no llegan las ventas a donde deberían. (El rostro de Raquel se volvió serio).

Carlos se percato de la preocupación de Raquel, pero sabia que sus palabras de siempre, estaré tranquila ya veras como mejora, esto es lo que hay, en esta ocasión no funcionarían, ya que a él, tampoco le servían para nada.

Intento explicarle que mantuviese una actitud positiva, que no se dejase influir por la mala sensación que le causaba este momento, pero ella bajo la influencia de su mal estar, su cara seguía reflejando su preocupación.

Inmediatamente Carlos pensó en llamar a Leo, ya que este tema le preocupaba bastante, no por el nivel de las ventas, si no por ver a su mujer en ese estado, no quería verla triste, siempre era muy alegre, lo que le ayudaba mucho a seguir.

—Pero aun estamos a lunes. Pensó, era consciente de que si ya usaba la única llamada que tenia y a lo largo de la semana pasaba algo mas incontrolable para él, tendría un problema. Por lo que siguió guardando esta oportunidad para mas adelante.

Tras la comida, llego el momento de descansar ambos fuera al sofá cercano de la mesa, y allí descansaron sus cuerpos hasta la hora de partir de nuevo, mientras Raquel aprovechaba y cerraba sus ojos con intención de dormir un poco, Carlos permanecía con los ojos abiertos reflexionando.

Los días iban pasaban. Casi siempre, siguiendo el mismo guión, unos pasaban mas rápidos otros mas lentos, pero la semana avanzaba imparable, como el caudal de un río que se abre paso incontrolable hacia su destino. En este caso la finalidad era el domingo, no por el descanso tan merecido, si no por que diese lugar el momento de ver a su gran amigo Leo. Cada día que pasaba Carlos soportaba un cansancio mayor, cada vez le resultaba mas costoso iniciar la nueva jornada, pero a pesar de todo, cada noche rememoraba las vivencias que habían acontecido y cada despertar realizaba su ritual de repetirse:

— *Hoy va a ser un gran día, voy a vencer.*

Con mucho esfuerzo ya había hecho aparición el sábado, el ultimo asalto, la recta final.

La gran persiana metálica subía una vez mas, pero seria la ultima vez de esa semana, los trabajadores permanecían listos para comenzar, estaban posicionados como corredores en sus puestos, todos preparados para dar comienzo a sus labore, Pero el pensamiento era común: "Pase lo que pase se acaba hoy...".

Las horas pasaban lentas, era consciente de que no parar de mirar el reloj, no le ayudaba a contrarrestar este fenómeno, pero le era bastante difícil evitarlo.

A pesar del cansancio, se esforzó por rendir al máximo, intentando así, que todo quedase en buen estado para el próximo día. En los compañeros se apreciaba algo diferente, daba la sensación que estaban mas unidos, todos hablaban con todos, incluido Cesar, el que fue su enemigo numero uno, hoy solo intentaba estar lo mas cerca posible de Carlos.

El sol se fue despidiendo, tras su huida, la tan esperada hora del cierre.

—Por fin, pensó Carlos mientras soltaba un suspiro.

El camino a casa fue mas lento que de costumbre, la gana de llegar, ralentizaba esos últimos minutos.

Ya en casa, mientras el momento de la cena tenia lugar, todos conversaban haciendo resumen de la semana, al terminar, Sandra se preparaba con rapidez ya que sus amigos la esperaban para dar una paseo nocturno, lidia tomaba posición en el sofá para ver sus dibujos preferidos, a la espera del sueño, no paso mucho tiempo cuando se estableció en su habitación dormida, poniendo fin al día.

Carlos y su mujer, seguían en la mesa como de costumbre, rememorando los mejores momentos que habían sucedido.

Decidieron no hacer parada en el sofá, y directamente acceder a su cama, se sentían cansados, ya que al día siguiente, Carlos necesitaba levantarse temprano, su gran amigo Leo, le estaría esperando en aquel bar, y él deseoso de contarle lo sucedido. Ambos abrazados, dieron paso al nuevo amanecer.

El paseo

Como siempre, el despertador hacia su función, mientras que en Raquel creaba un efecto de malestar, para Carlos era una satisfacción escucharlo, anunciaba su esperado momento.

Con mucha cautela se incorporo, quedando sentado en la cama, y casi sin ser consciente empezó a repetir las palabras que cada día se decía.

—Un momento hoy no me hace falta. (Mientras pensaba estas palabras un risa se mostraba en su rostro, que curioso pensó).

Carlos miro el reloj y se percato de que era demasiado temprano solo eran las siete de la mañana, pensó que Leo no habría llegado todavía, por lo que intento disuadirse de la espera con sus videos musicales.

Tras unos cuantos musicales, y sin ningún rastro de cansancio pensó en bajar ya, y ser él, quien esperar a Leo, no podía dejarlo escapar. Busco su ropa mas cómoda, cogió sus llaves por si a su regreso aun estaban dormidas y se marcho.

El día aun permanecía cerrado, las nubes tapaban el sol, dejando así un rastro de oscuridad en las calles, a pesar de ser un día de verano, el ambiente aparentaba una temperatura típica del mas frió de los inviernos.

A tan solo unos segundos de girar la esquina que daría paso al local de destino, Carlos sintió como dentro de su pecho las palpitaciones se hacían mas rápidas, pero antes de que pudiese controlar su respiración para apaciguar esta sensación, ya estaba en la puerta del bar, donde todo empezó. Delante de él, la gran puerta de cristal permanecía cerrada, pero a través de ella pudo apreciar una figura que sentada frente a la barra, de espaldas a él, aparentaba leer un periódico, su corazón corría mas rápido, el temor que en esos momentos le abordaba, pensando en que si no volviera a verlo, había desaparecido, ya que él estaba allí, su gran amigo Leo.

—¡Señor Leopoldo!. (Dijo Carlos en tono irónico mientras soltaba una carcajada desde la puerta).

La exclamación sorprendió a las demás personas que residían en aquel local aquella mañana, menos a la victima de este saludo que casi como si en todo momento supiera que iba a pasar, no se sorprendió. y girándose lentamente dedico su mirada y una gran sonrisa a Carlos, que imparable se aproximaba a él, mientras se levantaba para recibir a Carlos.

El abrazo de ambos simulaba el choque de dos trenes, Carlos no podía retener la emoción de verlo de nuevo.

—¿Cómo estas Leo?. (Dijo Carlos con tono agradable mirando fijamente los ojos de su amigo).

—Bien bien. (La sonrisa de Leo no desaparecía). Y tu Carlos, ¿que tal todo?. (Sus ojos parecía que sabían la respuesta, daban la sensación de que no iba a ser sorprendido).

Carlos se disponía a tomar aire para poder contarle todos los avances que había hecho, todo lo que había pasado, pero antes de que no pudiese decir ni la primera palabra Leo le interrumpió:

—¿Has desayunado?, Pregunto Leo, que permanecía de pie junto a el.

—Pues ... bueno si, por que amanecí muy temprano y para hacer tiempo tome algo en casa, pero no importa, no te preocupes. (La respuesta estaba teñida de extrañez, ¿eso que tiene que ver ahora?, con las ganas de tenia de hablar con él, ¿y se esta preocupando por si he comido?, se pregunto en su cabeza)

—Ok, perfecto, pues vamos fuera, hoy vamos a dar un paseo... (Leo se dirigió a la puerta).

Sin decir una palabra, ambos se salieron al exterior. La verdad que el día invitaba a caminar.

Los dos hombres empezaron a pasear, sin rumbo fijo, al menos Carlos, ya que estaba siendo guiado por el otro, desconocía el destino, pero tampoco le importaba. La calle estaba poco transitada, el trafico de coches era nulo, todo estaba inundad por un tremendo silencio.

—¿Bueno Carlos que tal la semana?, el gesto de la cara de Leo al exponer la pregunta, daba la sensación de que ya conocía la respuesta.

—¡INCREÍBLE!, mira Leo, hice todo lo que tu me aconsejaste, me proyecte en el problema mentalmente, me convencí de que podía vencer el temor de enfrentarme al evento, y finalmente lo conseguí, y fue mucho mas fácil de lo que pensaba... (Carlos mostraba su entusiasmo mientras daba la explicación).

—Me alegro mucho amigo, de verdad. Y entonces ahora, ¿que tal esta tu trabajo?, ¿sigue siendo tan horrible?.

El paso de Leo aminoro al hacerle la pregunta, mientras este le miraba fijamente.

—Pues a ver, todo lo demás sigue siendo igual, pero se me hace mucho mas amena la jornada. Aunque termino igual de cansado, la sensación que recibo al final del día es diferente, muy diferente, a anteriormente. Pero...

Leo escuchaba con atención la explicación de su amigo, y tras unos momentos de silencio que dio por cortesía, por si Carlos quería añadir con algo mas, pero dado que no continuo hablando:

—Esto que has experimentado, es "El cambio". Tu nuevo Yo" querido amigo, ahora párate un momento y contéstame a esta pregunta :

(Ambos detuvieron sus pasos y permanecieron inmóviles, enfrentados)

—¿Qué pasaría si fueses capaz de cambiar todo lo que te atormenta en tu vida?, ¿de vivir sin necesidades de ningún tipo?, ¿de poder conseguir todo lo que quieras?, ¿de ser realmente quien quieres ser?. Ese es el "pero..." que sientes.

La desconcentración de Carlos era extrema, sintió como si su cordura se desvaneciera en medio del inmenso silencio que abundaba en esas calles por las que paseaban esa mañana. Era consciente que tenia que dar una respuesta, pero estaba totalmente bloqueado, las palabras de Leo volvían a dejarlo mudo.

—Pues seria mucho mas feliz de lo que soy ahora... (Su tono era tímido, exento de carácter).

—¡Correcto!. (Exclamo Leo mientras retomaban el paso otra vez). —Pero sabes cual es el problema, que desconocemos el gran potencial que tenemos las personas, todos queremos una vida de éxito, y cuando hablo de éxito no me refiero al dinero, ya que esta herramienta solo hace disuadirnos y entretenernos con cosas materiales, mientras que nos distancia de lo que realmente nos hace felices, para que una persona alcance esta sensación, tan solo necesita ser ella misma, descubrir cual es su papel en esta "Obra", que es la vida. Mira Carlos te pondré un ejemplo para que lo entiendas mejor:

—Cuando eras un niño, y veías un enchufe en la pared, lo primero necesitabas saber es que pasaría si metes algo en esos dos agujeros negros tan tentativos, por supuesto, recibías un "NO", fuerte, brusco, que inmediatamente te paralizaba allí donde te encontrases. Por supuesto, tu no eras consciente del riesgo, pero los demás si, por lo que no te permitían que lo hicieras, y así sucesivamente, con todas las veces que pretendías calmar tu intriga de ver que pasara si ...hago esto.. o aquello... pero siempre recibías un "NO", lo curioso es, lo que "el niño" registra en su subconsciente, que jugar con los juguetes que sus mayores le ponen alrededor, esta bien, comer esta bien, pasear también esta bien, jugar con otros niños en el mismo parque no pasa nada, esta bien.

Pero cuando intenta descubrir algo, eso ya, no esta tan bien. Será castigado por hacerlo, ya que en ninguno de los casos, ha entendido por que se enfadaban tanto contra él.

Carlos se mostraba asombrado con la explicación de su amigo, creía entender lo que quería decirle, pero no quiso interrumpirle y siguió escuchando, aprendiendo.

—Todo este tipo de situaciones son registradas por nuestro subconsciente, y al crecer, también nos acompaña, por eso es que sentimos tanto temor cuando solo por el mero hecho de pensar en algo que se salga de lo normal, vamos a recibir ese "NO" por respuesta, pero llega un momento que procede de nosotros mismos.

Por eso hoy, te invito a desafiarte mi buen amigo Carlos, a partir de este momento de la conversación, solo vas a tener dos opciones. (Leo se detuvo en seco, al igual que sus palabras).

Carlos por la inercia siguió andando ya que lo hacia de forma inconsciente, cuando se percato de la ausencia de Leo a su lado se detuvo y retrocedió hasta él.

—La primera opción que tienes, es la de dar la vuelta y volver a tu casa, a tu sitio, a tu trabajo, y vivir la vida que los demás han establecido para ti, como el niño de antes. Ahora puedes ir y jugar con los juguetes que te han puesto a tu alrededor, nadie te dirá que "NO" lo hagas, ya que te los han puesto ahí para que los uses.

—Y la segunda... (Leo tomo aire, retuvo su respiración, pausando así la fuente de su vida, observando la mirada intensa de Carlos).

—Te invito a enfrentarte a tu peor enemigo, a ti mismo, a tu Ego, quiero que dejes aparecer y que descubras el verdadero YO que llevas dentro, que empieces a vivir una vida abundante con todo lo que necesites para ser feliz, a que pases el resto de tu vida haciendo "eso" por lo que estas aquí... Que desarrolles tu "Don". Pero cuidado, piensa tu respuesta, porque por muy tentador que parezca, te vas a sentir aislado, incomprendido, vas a perder amistades, familiares, nadie entenderá que estas haciendo, vas a sentir dolor, no va a ser fácil, ya que si fuese así, todos lo conseguirían... Pero si eres capaz de soportar todo esto, al final, la victoria será tremenda, y serás una leyenda Carlos, para todos aquellos que nunca creyeron en ti. Para aquellos que decían que no tenían un hueco donde colocarte, después de esto, tu serás su ejemplo, y eso los ayudara a tener esperanzas.

Un escalofrió recorrió su espalda, sus ojos se cerraron unos instantes,

—Leo, no tengo miedo, ya he pasado por ahí, por esas circunstancias que me comentas, no pienses que me van a intimidar, por lo que no me cuesta responder. Se que solo tengo una oportunidad, que si no elijo la respuesta adecuada posiblemente me quedara en la memoria el resto de mi vida, atormentándome para siempre. Por algún motivo, mi momento ha llegado. Pero ya lo he vivido antes, detrás de esta gran capa actual que ves de vida normal y feliz, con un trabajo que ahora ya no es tan toxico, (empezó a sentir la amargura que le generaba volver a recordar esos momentos), he pasado mucho tiempo de mi vida sin rumbo, sin esperanzas sobre nada, totalmente perdido, vacío por dentro, solo era un caparazón que se desplazaba por las calles, con las manos hundidas en los bolsillos, intentado localizar esa posibilidad de cambio, esperando que alguna de las personas que se cruzaba conmigo, me brindase la oportunidad de dar sentido a mi amanecer, pero nunca paso nada parecido, nadie me miraba, me sentía muy solo, evitando coincidir con algún miembro de mi familia por la calle y me preguntara que hacia donde me dirigía, ya que ni yo mismo lo sabia. En aquellos tiempos dar pena, era la estrategia para recibir a cambio un café, unos cigarros, o quien sabe si algo de dinero. Nadie confiaba en mi, solo recibía rechazo, nadie se molesto en decirme "todo va a salir bien, tranquilo", nadie creyó en que yo alguna vez consiguiera nada, siempre pensaban que seria un fracasado. El día pesaba mucho sobre mi, muchísimo, observando que hacían los demás, intentaba imitarlos, ser como ellos, para conseguir lo que tenían, pero me resultaba imposible ya que tenia una preocupación mas grande, sobrevivir y aguantar, aunque no tenia claro para que, supongo que me obligaba a mantenerme de pie, dando por hecho que alguna vez lo conseguiría, que en algún momento las cosas serian diferentes. Me han humillado, han hablado mal de mi, han juzgado mis errores, he tenido que hacer cosas terribles Leo, cosas que ha día de hoy aun me torturan, he tenido que apostar muchas veces lo único que tenia para poder avanzar, mi libertad.

Las lagrimas se abrían paso a través del rostro de Carlos, escucharse decir esto atraía hacia que un dolor infinito se apoderara e su cuerpo. Hizo una breve pausa, en un intento de tomar aire y continuo:

—Es como llevar una espina clavada en mi cuerpo, me acostumbre al dolor, pero esa mala sensación esta ahí, cada día de mi vida, y por mas que intento hacerlo desaparecer, mas fuerte vuelve, así que convivo con ella. Ya que a pesar de todo, mi arrepentimiento no me abandona. He llorado tanto a escondidas que ya se ha hecho habito, por eso hoy por hoy, cualquier emoción hace que suelte una lagrima, mis ojos están entrenados ya. Me he arrepentido de no haber hecho las cosas de otra manera, de no hacer caso a mis padres cuando me decían que estudiara, o que buscara un buen trabajo, o ... No lo se, quizás si lo hubiese hecho de otra manera hoy no tendría este tormento dentro de mi. Lo único que tengo claro es que no quiero que se repita este capitulo en mi vida, también tengo claro que un mal capitulo no es el fin de una historia, quizás por este motivo, he llegado hasta hoy. (Tras una breve pausa añadió).

—Por eso, en esta ocasión voy a elegir la respuesta con la que pase lo que pase no me arrepienta nunca.

Carlos puso su mano sobre el hombro de su amigo.

—Leo, Amigo mío, por favor muéstrame el final del camino, ya no por mi, si no hazlo por mi familia ellos se lo merecen mas que yo, estuvieron a mi lado en todos aquellos momentos tan difíciles y yo... No supe verlo, por lo que ahora es el momento de pagar mi deuda con ellos, y demostrarles que no estaban equivocados, que si en algún momento ellos confiaron en mi, no fue un error.

Ambos permanecían quietos, en este caso era Leo, el que escuchaba las palabras de ese hombre que permanecía frente a él, con un gran gesto de dolor en el rostro, y unas lagrimas tan brillantes que casi encandilaban al mirarlas, debido al sol que había hecho su aparición en aquella mañana de domingo.

— Mira imagínate que en una fiesta hay dos chicos, uno es muy feo y poco afortunado en general, y otro es muy atractivo y con un buen coche, lo que hará que el chico en cuestión aun sea mas guapo, (la carcajada fue conjunta de ambos amigos, Leo solo intentaba disuadir la tristeza de la mente de Carlos), por lo tanto ¿quién crees que tiene mas posibilidades?, (no le dejo opinar), ibas a decir el segundo ¿cierto?, pues no, y por muy difícil de creer que te parezca no es así, ya que el segundo ya esta en un nivel superior y si no es capaz de pensar y actuar como el primero, lo que sucederá es que ira hacia abajo ya que si, es muy guapo y tiene un coche muy caro pero...es muy prepotente, no sabe hablar, carece de conversación etc... Mientras que el chico anterior digamos que lo tiene todo perdido, empieza desde "cero", dado que visualmente se considera inferior, ¡Pero!, a partir de ahí, todo es mejora, si es poco agraciado físicamente, pero... Es muy gracioso, sabe hablar muy bien, es detallista etc... lo que precedía en un caso era negativo para él, en el otro caso a pesar de partir de otro punto todo lo que puede acontecer es positivo. ¿Entiendes? no es malo que te consideren un fracaso o un perdedor, o que sientas que estas en un punto de perdición en el cual no hay retorno, ya que a veces es necesario llegar hasta abajo, pero empezar con mucha mas fuerza.

Volvieron a compartir unas risas, el ejemplo había hecho olvidar la nube de malas sensaciones que poseía el alma de su amigo.

—Bueno Carlos, ya en serio, me alegro de verdad que hayas pasado por todo eso que me cuentas. Pero como te he dicho, era necesario. (El tono de Leo cambio, se torno frío).

Las palabras de Leo crearon un cortocircuito en el cerebro de su compañero, no podía creer lo que estaba escuchando, una sensación de incredulidad se apodero de él. Ese hombre era su amigo, le estaba ayudando y ahora le dice que se alegra de sus desgracias, le resulto increíble, se sintió traicionado. No era capaz de entender la necesidad sufrir esas circunstancias, a pesar de su explicación.

Leo rápidamente se percato del gesto amargo de Carlos, por lo que continuo diciéndole:

—Ahora dime una cosa, si siempre te estuvieses riendo, ¿cuándo sabrías cuando te ríes?, nunca, ¿verdad?, ya que seria un estado normal. En la vida pasa lo mismo, si siempre estamos bien, ¿cuándo sabríamos cuando algo es bueno?, misma respuesta, nunca, pero con una diferencia, aquí las cosas "malas" que nos suceden son la prueba de acceso, al éxito. Ante las dificultades unos se rinden y caen, otros se levantan y siguen en la lucha, estos son los que después serán recompensados y merecedores del éxito.

Carlos no entendía que intentaba decirle, pero permaneció escuchando, ya un poco mas tranquilo.

—Imagina que dos personas que la noche anterior por circunstancias no han podido descansar lo suficiente como para enfrentar un nuevo día con naturalidad. Ambas tienen muchísimo sueño, pero una opta por seguir durmiendo rechazando así a sus obligaciones, pero la otra, es consciente de que debe continuar y decide tomar un café solo, amargo, de un trago, la repulsión es total, y a cada momento se esfuerza en su lucha contra la necesidad de descansar. Ambos terminaran el día, pero ¿quien crees que será merecedor del éxito?.

Pese a que percibía que Carlos era consciente de la esencia del ejemplo continuo.

—Ante una dificultad, las personas tienden a retroceder, volviendo así a la casilla de salida otra vez, no siendo conscientes de que la meta esta mas cerca que el principio, pero es mas fácil retroceder, venirse abajo, volver atrás, que seguir luchando, y eso... Es lo que marca la diferencia entre las personas. Lo importante no es lo que paso ayer, es lo que vas a hacer al respecto. El problema esta en que una persona que se encuentra en cualquiera de las situaciones que has descrito antes, todos sus pensamientos están enfocados al fracaso, por lo que genera hábitos orientados al error, y por supuesto todo lo que seguirá pasando serán casos similares, ¡Porque es lo que esta atrayendo a su vida, a su mundo!.

Durante unos instantes permaneció en silencio con la mirada fija en él.

—Por supuesto también entra en el juego la creencia de que no somos merecedores de que nos sucedan cosas buenas, que ese tipo de cosas solo le pasa a las otras personas con talento, exitosos, gente con suerte, ¿te suena?. Dadas estas circunstancias, el universo nos envía eso que tanto le estamos reclamando, fracasos, problemas, cada vez mas perdidas de dinero, etc...

—¿De verdad Carlos que nunca te ha pasado que en algún momento has recordado a aquel compañero del colegio, alguna amistad perdida por las circunstancias, y al poco tiempo por cualquier motivo, o te has cruzado con esa persona por la calle, o te han hablado de ella?, seguro que si,(se auto contestó).

—¿Que es lo que esta pasando?. (Dijo elevando el tono de su voz, intentaba crear un flash de atención sobre su oyente). —Que has proyectado a esa persona en tu mundo, en el universo, y te la envía, pero ese pensamiento, no esta influido por ninguna emoción, es neutro, por lo tanto se materializa sin mayor problema...

Leo pensó que debía aclarar un poco mas este tema.

—Como cuando coges un catalogo de cualquier tienda y eliges algo, lo pides y te lo envían a casa, sin problemas, todo muy fácil, pues déjame decirte querido amigo, que el universo que nos envuelve trabaja de la misma manera. Solo que habitualmente nuestros pensamientos están influenciados por los eventos negativos que soportamos, por lo que nuestra emisión es... negativa, y dado que emitimos esta negatividad, sin lugar a dudas es lo que vamos a recibir. Esto es una Ley universal, las "cosas" que vibran en la misma frecuencia se atraen, es como poner la televisión en un determinado canal y al otro extremo alguien emite para esa frecuencia que tu has sintonizado, lo escuchas y ves claramente, pues en la vida es igual, debes emitir la frecuencia de lo que quieres recibir, de la manera mas limpia posible, y eso se consigue a través de tus pensamientos, de tus sensaciones, de las imágenes que crees en tu mente, de la forma mas detallada posible, todo esto, desbloquea la atención sobre las oportunidades que la vida te va brindando a tu paso, pero si no estas enfocando la atención en lo que realmente es importante para conseguir tu objetivo, cualquier posibilidad que se te presente pasara desapercibida para ti.

La cara de Carlos expresaba claramente su gran interés por las palabras de Leo, sus ojos no se movían de los suyos incluso ya no era consciente de que hacia un rato que habían vuelto a retomar el paseo. Continuo escuchando:

—Todas las personas emitimos una vibración, todos proyectamos una sensación en los demás, en todas las cosas, el ejemplo mas claro lo tienes en tu semana de trabajo Carlos, tu te convenciste de que eras mas fuerte que él, de que podías conseguirlo, en tu caso enfrentarte a tu problema de trabajo, pero ese "compañero frustrado" aparece en muchas circunstancias de la vida, ese individuo representa las dificultades del día a día, por el cual tenemos que creer que somos capaces, por que si puedes creerlo... puedes hacerlo.

Incapaz de mantenerse mas en silencio, Carlos interrumpió sus palabras:

—En eso tienes toda la razón Leo, durante cada mañana me he estado mentalizando de mi valía, me lo he repetido continuamente, me he sentido capaz. (Espero en silencio la aprobación de su amigo)

—A ver, no se trata de que repitas continuamente lo que quieres, o lo que deseas atraer a tu vida, como te he dicho antes, todo consta de vibraciones, de sensaciones, debes de sentirlo, tienes que tener la misma sensación que tendrías si ya lo hubiese conseguido a pesar de que en realidad no lo tengas, debes hacer creer al subconsciente que es real lo que estas proyectando con tu mente, y eso es lo que hará que venga hacia ti. Ten siempre presente que como te sientes, como tu subconsciente te permita sentirte es lo que los demás sentirán de ti cuando te tengan cerca. Siempre se a dicho que el dinero atrae al dinero, pero el dinero no atrae nada, bueno si... problemas.

Leo soltó una carcajada a la que Carlos le acompaño.

—Lo que hace que venga mas dinero, es la mentalidad, la sensación del poseedor, si tu o cualquier persona tuviera esa mentalidad lo atraería igual. ¿Entiendes?.

—El conflicto viene cuando intentamos mentalizarnos de algo que hasta a nosotros mismos nos parece ridículo, si tu piensas cada día que eres rico y eficiente, tu cerebro se encargara de contestar "No, no es así", y durante un tiempo la lucha será constante, hasta que llegara un momento que realmente te sentirás así, y en ese instante vivirás con la sensación de una persona con abundante dinero y eficiente en tus tareas. Y pondrás en tu camino las herramientas para conseguirlo.

La forma en la que pensamos es lo que marca la diferencia, entre una persona la cual es consciente de que es victima continua de malos acontecimientos, ya que continuamente esta enfocando su pensamiento "todo me sale mal", "no me quedo embarazada", "nunca seré bueno en esto". ¿Que esta proyectando en el universo?, ¿qué esta registrando en su subconsciente?, todo mal, NO hijo, NO bueno. Por supuesto que una buena circunstancia nunca va a pasar, pero ahora vamos a modificar la forma de pensar, vamos a pasar de ese pesimismo a un sentimiento mas optimista, vamos a crear una sensación correcta,"todo va a salir bien", "soy mama","soy bueno en esto", en este caso el efecto es totalmente contrario al anterior. Ya que nuestros pensamientos crean nuestro entorno. Y si eres capaz de creerlo... Ya sabes.

Mientras Leo seguía explicándole, sin poder evitarlo, casi automáticamente el pensamiento de Carlos fue invadido por una imagen de su mujer, no por el tema del descendiente, si no por su gran problema de ventas en su tienda, efectivamente ella proyectaba siempre el "No",

"no han entrado suficientes clientes","no va bien" etc...
Quizás ese sea el motivo pensó, por el cual siempre esta
en el mismo punto. Leo interrumpió los pensamientos de
Carlos con sus palabras, que de nuevo continuaban:

—Pero al igual que en la tierra donde se cultiva un
fruto, en primer lugar debemos de "preparar" nuestra
superficie donde queremos que florezcan nuestros nuevos
pensamientos, y debido a las programaciones de serie
que nos registran desde que nacemos, dicha tarea parece
muy costosa.

Ambos detuvieron el paseo, habían caminado durante
un largo periodo, llegando a parar a uno de los laterales
del río que dividía la ciudad. Leo indico alzando su mano
y señalando al arroyo, que frente ellos sigiloso seguía su
cauce, su agua estaba oscurecida dada la contaminación
que arrastraba, daba la sensación de ser una inmensa
manta sólida oscura.

—Carlos fíjate en esos patos que nadan sobre este río.

Con la mano sobre su frente intentando refugiar sus
ojos del sol, y girando su cabeza de un lado a otro, se
percato de un pequeño grupo compuesto por tres de esas
aves que con perfecta armonía y sincronización que
avanzaban hacia algún destino.

Ambos comenzaron a caminar esta vez dejándolos tras
de ellos, mientras Leo continuaba explicándole:

—El agua que ves, no siempre estuvo así, ese liquido
que fluye tendría que estar limpio, pero ya has visto lo
contaminado que está, eso se debe a que en algún
momento las personas empezaron a depositar "las cosas"
que ellos no querían, arrojando sobre él, su "basura" y al
final uno tras otro, a pesar de que pensaron que no

tendría importancia, date cuenta de cómo han terminado tantos litros, los han vuelto tóxicos.

Pero a esos patos, parece no importarle el estado en el que se encuentra su entorno, de hecho, se mantienen por encima del agua siguen flotando, a pesar que debido a la gran capa de suciedad, les cuesta un poco mas nadar, pero siguen su camino, estos en el momento que se encontraban en la orilla y se les ocurrió cruzar al otro lado, al tener que meterse en esa agua dado su estado no pensaron:

—¡Que sucia esta el agua!, creo que no voy a nadar ahí, porque me voy a manchar, o quizás no pueda avanzar nada, no hay fluidez.

Carlos sonrió, le resulto muy gracioso este ejemplo, pero entendía lo que su amigo intentaba hacerle ver.

—Otras aves serian incapaces de navegar sobre esas aguas turbias, y como puedes ver, permanecen en la orilla, observando a estos.

—En la vida, pasa algo parecido, hay quien a pesar de la contaminación que a sido provocada por agentes externos, por la "basura" que han depositado en nosotros, nos obligan a permanecer en la orilla, y vivir una vida desde fuera, y otros que usan todas las herramientas de su alcance sin pararse a pensar al igual que los patos, si esta contaminado el camino o no, y será mas fácil o mas difícil navegar, simplemente lo hacen, por que su instinto o mentalidad, no les deja ver las dificultades, solo les muestra lo que esperan encontrar al final de su viaje.

—Pero... (Carlos hizo una pausa en sus palabras), a veces es muy difícil combatir contra como tu bien dices los agentes externos, mucha gente no entiende las cosas que queremos hacer, aunque seamos conscientes de que nuestra felicidad está en ese tipo de cosas..

Leo no le dejo terminar de hablar, conocía perfectamente los argumentos que su amigo le estaba exponiendo, su tono cambio de una forma brusca.

— Claro, y por eso mismo empezaran a contaminar con sus opiniones, al igual que este río, las malas opiniones se asocian con tu subconsciente, y el enemigo se hace mas fuerte contra ti. Al principio no estaba así, y ahora mira en lo que se ha convertido. Las "ideas" al principio están limpias, claras, cristalinas, como lo estaba este río, pero poco a poco se van oscureciendo, se van haciendo menos lógicas, mas pesadas, debido a la contaminación, cada vez esa idea al igual que este agua, arrastra un poco de cada persona que arrojo algo toxico en él. Por lo que al final la densidad provocada, no deja avanzar, no hay fluidez.

Algunas personas una de forma consciente y otras no, cada vez que les invitamos a formar parte en nuestras ocurrencias, aportaran su punto de vista y dado que ellos no se sienten capaces de hacerlo, su recomendación será que no lo intentes, que mejor uses ese esfuerzo en reforzar lo que estés haciendo ahora, pero analiza sus vidas y veras que esa teoría solo te llevara al mismo lugar donde están ellos, a terminar diciendo "no me gusta mi vida, pero esto es lo que hay".

—Entonces... (Dijo Carlos), si quiero cambiar... ¿No se lo digo a nadie?, ¿me lo reservo para mi?.

—No Carlos no es eso. Cuando uno tiene un propósito claro que hay que anunciarlo al mundo, ya que automáticamente entraras en desafió con los demás y contigo mismo, lo que te hará ser mas constante, pero debes estar lo suficientemente mentalizado para que por mucha basura que te tiren, no contaminen "tu río", para que no quede como este, y siempre recordar quien fuiste un día, aunque en algún momento seas diferente al resto. ¿Entiendes?. — Eso es lo que demostrara tu grandeza amigo.

El paso de estos dos amigos se detuvo de nuevo, Carlos observaba como Leo buscaba algo, haciendo movimientos con su cabeza sus ojos no paraban de inspeccionar su entorno, no sabia que buscaba, y tampoco quería preguntarle.

Su duda pronto fue resuelta, Leo le invito a que se sentaran en una grandes piedras que permanecían en la orilla del río donde se encontraban, ambos se dirigieron hacia allí y tomaron asiento.

—Voy a contarte una historia Carlos, como el ultimo pasó a ser el primero. Yo le llamo la "ley del diez".

Leo, se acomodo en la medida de lo posible sobre lo que aquella dura he incomoda superficie le permitía, y bajando un poco el volumen su de su voz empezó a narrarle:

—Inicialmente cuando las personas asumieron la necesidad de contar, inventaron los números, pero en su momento estos eran del dos al diez, ya que combinándolos podían obtener cualquier cifra.

Pero el numero diez tenia envidia de los demás números por que ellos estaban solos eran independientes, y el tenia que cargar con el cero siempre, así que un día ya cansado de esta situación el diez, fue a consultar a un maestro para exponerle su caso y que le aportara alguna solución. El diez le explico al viejo que ese cero, estaba siendo una carga para él, que quería ser independiente como los demás, que se había dado cuenta que si se libraba del cero el seria el que estuviese arriba del todo y eso le gustaba. El hombre le dijo que nunca se liberaría de ese cero, que siempre seria su carga que lo único que podría hacer por él, seria cambiárselo de posición, hacer que no estuviese siempre a su lado, así que decidió arrancárselo, pero... se lo puso delante justo encima de él. De tal forma que el ultimo ahora era el numero nueve, el primero el uno, pero su cero, lo que antes era su carga, siempre estaría ahí, delante de él, para que en ningún momento olvidara que alguna vez fue el ultimo.

Ninguna palabra salió de Carlos, con el ceño fruncido, a modo de concentración por no descuidar un segundo de atención, Seguía escuchando:

—Por lo que querido amigo, necesitas dejar tus cargas en otra posición al igual que este numero, así será la única manera de avanzar. Pero no creas que las cargas de las que te hablo, que seguramente estarás pensando que son los gastos, las responsabilidades etc... No, no son esas, son tus recuerdos, los círculos en los que te mueves, las personas toxicas que mantienes en tu entorno, y principalmente tus pensamientos esos son los que te prohíben desarrollar tu verdadera valía, por supuesto tienen mucha mas fuerza ya que son fortalecidos continuamente por los agentes externos anteriores.

En el rostro de su amigo detonaba la confusión, alguna de estas palabras había calado en su profundo subconsciente. Toda esta conversación le estaba escarbando en aquel rincón profundo del pensamiento de Carlos, donde guardaba todos los malos recuerdos, sus peores experiencias, sentimientos dolorosos, que a pesar de la gran capa de protección que lo cubría fruto del tiempo que había pasado, estaba siendo destapado.

El tono de Leo era acusador, brusco, pero a pesar de eso estas palabras, forzaban a Carlos a salir de su estancamiento.

Fue consciente de cosas que necesitaba cambiar, y no era capaz por la carga toxica que arrastraba, Leo una vez mas tenia razón.

—Leo, ¿puedo hacerte una pregunta?. (Su tono mostraba matices tímidos, a pesar de la confianza que había desarrollado entre ellos, daba la sensación que las palabras que a continuación se escucharían le intimidarían. Su mirada que lentamente se deslizaba hacia abajo, descansado en aquel suelo de tierra, confirmaba este pensamiento).

—¿Por que no me siento feliz?, se que no tengo motivos para no serlo, pero siento algo extraño, es decir cuando estoy en mi trabajo, no quiero estar ahí, pensando que quiero estar con mi familia, cuando estoy con ellos... Pienso en el trabajo, no se como explicarte.... (La mirada de Carlos no ascendió).

Leo se inclino hacia delante con la intención de levantarse de aquella piedra que estaban usando como estacionamiento para hablar, al ver su intención, el otro intento seguirle, pero su mano abierta se poso sobre los hombros de Carlos indicándole que permaneciera sentado.

Retrocedió unos pasos hacia atrás con las finalidad de que su oyente obtuviera una visión general de este.

—Esta sensación que sientes, no se debe a tu falta de adaptación en los diferentes entornos en los que te encuentres en esos momentos, ya que en todos ellos sabes como manejarte, y ya son conocidos para ti, el problema reside en que sientes como la alegría te abandona, y junto con ella tus energías, creando un momento desolador, a ver para que me entiendas vulgarmente se le conoce con "un bajón".

—De esos tengo muchos si...(Carlos sonrió).

—En ese momento lo que sientes es la necesidad de cambio, ya que inconscientemente tienes que justificar el "¿por que?" de esas emociones, y la respuesta mas rápida es declinarse por lo que esta ocurriendo en el momento, pero querido amigo, déjame decirte que una vez mas la culpa no es del entorno, eres tu.

Si una pequeña piedra se hubiese colado en tu zapato, te estaría molestando y aunque cambiaras de lugar la piedra seguiría ahí, molestando. ¿correcto? (Carlos asintió con la cabeza). ¿Por lo que ves como no es el contexto?.

—¡¿Pero entonces cual es el maldito problema?!,

Su tono de voz había vencido por completo la timidez anterior y se mostraba transformado en enfado.

—Espera amigo, tranquilízate... En primer lugar, quiero que entiendas cual es el problema, la causa, ya que el efecto ya lo conocemos, "la incomodidad", porque si no entiendes esto, si no eres capaz de localizar el motivo, jamás podrás ponerle la solución adecuada a nada. (El tono de Leo tras la pregunta de Carlos parecía aun mas relajado).

—Vamos a empezar por el principio. ¿Serias capaz de perdonar a todos aquellos que te han hecho daño?.

La pregunta de Leo ocasiono que sus cejas se arquearan por encima de sus ojos que se abrieron al máximo a pesar de la intensidad de la luz que emitía el sol aquella mañana. Estaba tan sorprendido por la cuestión que le presentaba, que provoco un pinchazo en el estomago de Carlos, aquel órgano que tras de si dejaba dos operaciones a pesar de su juventud. Casi sin pensar le respondió con tono firme:

—¡Leo eso si que no lo voy a hacer!, ¡no puedo perdonarlos, ¡han hecho mucho daño!. (Inmediatamente se levanto, la ira de su respuesta no le permitía permanecer en aquella posición cómoda).

—Pues hasta que no seas capaz de perdonar, no desarrollaras la capacidad de perdonarte a ti mismo, y eso es lo que necesitas para empezar a vivir una vida plena querido amigo. El odio es una gran carga que nos retiene, en una etapa pasada de nuestra vida. Carlos, tus formas de actuar hoy vienen marcadas por los actos de tu pasado. La gente piensa que el presente es lo que repercute en el futuro, pero hay que volver atrás para cambiar el mañana. Y mentalmente sabes que puedes hacerlo. Vuelve a vivir en tu imaginación esas situaciones, y ratifícalas.

Leo se anticipo a dar la explicación correspondiente antes de que Carlos dijera nada, ya que notaba el alejamiento emocional de su amigo, por primera vez, estaban en desacuerdo.

—No me refiero a que vayas uno por uno perdonándolos ya que eso seria una tarea imposible para ti y para cualquiera, realmente lo que necesitamos es que sientas que estas en paz con todos ellos, ya que una vez que consigas esto, podremos perdonarnos a nosotros mismos. Ese es nuestro objetivo. Esa es la piedra en tu zapato. Tu aun te culpas por tus actos. (Leo quiso permanecer unos segundos callado, dando tiempo a su amigo de asimilar esta información).

—Carlos, recuerdas como vencimos el problema con tu compañero, como conseguimos que realizaras de forma mas eficiente tu trabajo, metalizándote, reprogramando tu subsconsciente, haciéndolo creer que éramos capaces de conseguirlo, mediante una "Proyección", fuimos capaces de sentir que éramos superiores a ese problema que hasta hace unos días, era muy grave para ti. En este caso vamos a hacer lo mismo, vamos a generar la sensación de paz interior, vamos a perdonar, y a que te perdones.

A Carlos no le agradaba demasiado la idea, no concebía como seria su día sin la necesidad de venganza, ya que era lo que según él, le impulsaba a no rendirse, la finalidad de demostrar a los demás, que no era un fracasado. Continuo escuchando, pero siendo consciente que Leo le invito a este "viaje", por lo que debería aceptar sus normas.

—Ahora cada día, lo primero que harás será enfrentarte a ti mismo, a tu imagen en espejo, ya que muy a pesar de lo que puedas creer no refleja la realidad. Si no TU realidad.

—No te entiendo... Si soy yo mismo. (El gesto descolocado de Carlos apoyaba sus palabras).

—El espejo refleja tus sentimientos hacia ti, te hace ver tu visión sobre ti mismo. No como realmente te ven los demás. El propósito es que cuando nos miremos a nosotros mismos, veamos a una persona de éxito, nuestro subconsciente no va a distinguir si somos nosotros o no, solo que esa persona se siente exitosa, por lo tanto su proyección, su reflejo será de ÉXITO. Por ese motivo, te enfrentaras a ese cristal cada día, y perdonaras a todos los que te han hecho daño, y por su puesto inmediatamente después, te dirigirás a tu reflejo, te perdonaras y te aceptaras como eres. Cuando realmente sientas que estas en paz, habrás sido capaz de liberarte de una gran carga.

—De acuerdo... (Carlos asintió con la cabeza, no muy convencido, pero lo haría).

—Hay un caso curioso y que enseña muy bien la relación entre el espejo y el subconsciente, y trata de las personas que por algún motivo le ha sido amputado alguna extremidad de su cuerpo por alguna complicación durante la operación, por lo que ellos desconocen este cambio. Pongamos por ejemplo una pierna, Pues bien, en los días sucesivos a la amputación, los enfermos se quejan de un dolor muy intenso en ese miembro, cosa que no es real porque no lo tienen, pero su subconsciente aun no ha registrado esa información, por lo que para "ellos", sigue estando ahí, incluso ahora esta dolorido. En estos casos, se pone al paciente frente un espejo, y se le muestra como es imposible que sienta dolor, ya que no poseen ese miembro, desde ese momento lo interesante, es que el dolor desaparece.

—No se que decirte Leo, me parece...

—Por eso cada uno debe tomar consciencia de sus circunstancias, analizar donde esta el problema, cual es la causa, aunque como puedes ver, el enemigo nace en nosotros mismos, por lo que no debemos basar la solución en lo que seria la forma "común" de resolver, si no en nuestro método particular. Por lo tanto, es importante vivir sin rencores y con gratitud, ya que son las únicas herramientas que nos permiten avanzar. Te pondré un ejemplo para que lo veas mas claro.

Recupero un poco de aire y continuo:

—Yo puedo llevar puestos unos pantalones muy elegantes, exclusivos, los mejores del mercado, tan cómodos que podría no quitármelos en todo el día, ahora yo te los voy a dar a ti, para que tu sientas la exclusividad de llevarlos, y tanta comodidad, pero resulta que nuestra talla es diferente. Por lo que, a pesar de ser una prenda extraordinaria "para mi", para ti seria horrible llevarlos, ya que no podrías dar un paso con ellos en condiciones...

—Que razón tienes Leo. (la sonrisa de Carlos mostraba su relajación, y el olvido de la rabia que sentía hace unos momentos.)

—Pues igualmente pasa con las circunstancias que nos suceden en la vida, somos los protagonistas de una serie de eventos que registraremos como buenos o malos según la sensación que recordemos, y eso influirá en nuestras futuras resoluciones sobre otros sucesos semejantes. Por eso, no debemos dejarnos influir por los agentes externos, ni por aquellas personas que creen saber lo mejor para nosotros, por que seguramente ellos mismos están vistiendo los pantalones de otro.

—Pero Leo, hay veces es difícil luchar contra el mundo, si no haces lo que se suele hacer... Eres diferente, te desplazan, te hacen sentir mal... .

El tono de sus palabras bajaba cada vez mas hasta que la ultima palabra casi fue difícil de escuchar, esto se debía a que en su pensamiento broto un viejo recuerdo, que no quiso ni mencionarle a su amigo.

—Estoy de acuerdo contigo, pero eso será que lo estas haciendo bien. Tu ten en cuenta que cuando nos marcamos un objetivo ya sea del tipo que sea sabremos que estamos en el camino correcto, fijándonos en la repercusión que tiene en los demás.

—Leo, ahora si que no te entiendo lo que intentas decirme.

—Si mira, todas las personas si le preguntases, les gustaría tener éxito, ser los mejores en algo, los números uno, todos quieren ser felices, y todos ellos, en algún momento de su vida empezaron su ruta hacia ese destino, todo el mundo Carlos en cierto momento, comenzaron a esculpir su sueño, pero llegaron a un punto en que la fantasía se empezó a hacer realidad. Y eso proyecto su futuro éxito en los demás, de persona exitosa. Pero claro, esos que no son capaces de hacerlo, lógicamente te dirán que tu tampoco, y aplicaran en ti, los motivos que a ellos le frenaron en su momento, la dificultad, la edad, la falta de productividad, que mucha gente antes ya lo ha hecho y han fallado, etc... Pero todo esto realmente lo que quiere decir es que ellos no se atrevieron a ni siquiera intentarlo. Por lo que no solo que lo intentes, si no, que si lo consigues, su frustración será aun mayor.

—¿Pero Leo?, no entiendo que tengo que notar en la gente que me rodea para darme cuenta que estoy avanzando. (Carlos sintió la respuesta antes de que su amigo se lo aclarara). Quizás tengan razón, ya que ellos lo ven desde otra perspectiva.

—Cuando empiezas un proceso hacia una meta definida, y tomas verdadera consciencia, dejaras mucha gente atrás, amigos, familiares, incluso parejas, ya que te colocaras en una posición diferente, incomprendida para ellos, por que tu vibración será diferente a la del resto, por lo tanto empezareis a ser incompatibles. Ten por seguro que culparan a terceras personas de tu cambio de actitud, a las circunstancias, intentaran razonar por que estas "extraño". Pero el verdadero motivo solo lo sabes tu.

—Antes he recordado... Que hace ya muchos años, de hecho fue en mi época de estudiante en el instituto, tuve que hacer el resumen de un libro, creo que fue el primer libro que leí completo hasta aquella fecha, y cuando lo termine siempre soñé con tener uno propio. (Carlos hizo una pausa, tomo una gran bocanada de aire para continuar). —Pero nunca lo hice, es mas, recuerdo que incluso empecé a escribirlo en los sucesivos viajes en autobús de casa al instituto pero en algún momento, lo abandone. Y ahora, me he dado cuenta que los comentarios que recibía me hicieron olvidarlo... (Carlos se mantuvo pensativo).

—¿Y por que no empiezas ahora?. ¿A que esperas?.

El nerviosismo que le causo la pregunta de Leo, se represento en forma de risa en Carlos, era su modo de defensa ante los momentos de tensión.

—¿¡Ahora!?. (Exclamo sorprendido). Imposible... Tengo muchas cosas que resolver cada día para poder centrarme en eso, tan solo fue una idea tonta de un joven sin obligaciones.

Volvieron a iniciar su paseo por la orilla de aquel río contaminado, las aves que nadaban sobre él ya no eran visibles, sobre ellos se alzaba un puente el cual servia de acceso a los vehículos para cruzar a ambos lados, no eran consciente del tiempo que había pasado. Carlos caminaba cabizbajo, sus pies golpeaban las piedras que encontraba a su paso, dando la impresión que sus pensamientos le estaban pesando sobre su cabeza.

—¿Qué te ocurre?.

—Nada, solo pensaba en las cosas que he querido hacer pero nadie me ha apoyado, como tu bien dices me frenaron, pero es que ni mi propia familia me ha entendido nunca. (Carlos hizo una pausa), he tenido muchas discursiones con ellos, para nada, y si ellos no me apoyan, lógicamente no puedo esperar que los demás lo hagan.

Leo poso su brazo sobre la espalda de Carlos agarrandole con fuerza el hombro mas alejado y dedicándole una sonrisa tranquilizadora.

—No puedes castigar a alguien por algo que no sabe que ha hecho mal. (Las palabras de Leo eran sentencias para su amigo). —Quizás ellos no sabían lo importante que era para ti. Que al final de ese trayecto estaba tu felicidad. De haberlo sabido quizás si te hubiesen apoyado mas. ¿No crees?.

intentando detectar el origen de la melodía. Se percataron que procedía del bolsillo interno de la chaqueta de Carlos. Sin mucha prisa introdujo su mano, y saco su teléfono móvil.

—¿Dime nena?. (Dijo con mucha calma).

Tras unos instantes respondió:

—Si todo va bien, voy ya.

—Tengo que marcharme Leo, Lo siento, mi mujer me espera, no recordaba que hoy teníamos que aprovechar el día para ir a comprar, y hacer algunas cosillas en casa.

—Nos vemos al siguiente domingo..

—¡Por supuesto!, ¿mismo sitio?. (Pregunto Carlos).

—Misma hora (obtuvo de respuesta acompañada de una sonrisa de complicidad).

Leo se giro y comenzó su camino pero solo se mantenía a unos pasos de distancia cuando se giro y lanzo una ultima frase.

—Recuerda, la vida siempre nos esta hablando, solo hay que saber escucharla.

—¿A que se refiere con eso?, Carlos se pregunto extrañado. —¿Que intentaba decirle?.

—Hasta el domingo que viene amigo, cuídate mucho.

Leo se alejaba mientras Carlos permanecía en el mismo sitio, inmóvil, observando la trayectoria de Leo, percatándose de que siempre tomaba una dirección distinta a la de él, ya que si se acompañaban un poco, aunque el destino fuese diferente podrían seguir charlando, pero su amigo siempre tomaba otra dirección.

De camino a casa, Carlos iba recordando toda la información que podía sobre la larga conversación anterior. Intentaba sacar conclusiones para poder aplicarlas a su vida, pero principalmente recordó la ultima frase de Leo, ya que era la única a la que no le encontró sentido.

Tras un largo caminar, a lo lejos ya se visualizaba ese alto edificio en el que en uno de los pisos bajos, estaba su mujer a la espera de su llegada, pero debía de hacer una parada mas. Entro en una de las pequeñas tiendas de se alojaban a pie de calle en la cercanía de su casa, pasaba a diario por la puerta de todos aquellos establecimientos pero debido a su falta de tiempo, nunca había podido entrar, pero ese día fue necesario hacerlo.

—Buenos días!. (Exclamo a la chica del mostrador que permanecía justo en la entrada, por lo que recibió el mismo saludo).

No tenia muy claro que buscaba y en aquella tienda que se posaba delante de el, eso era un "problema", ya que todas las estanterías estaban llenas de adornos, cubiertos, figuras, libros, productos de limpieza, en aquel caos curiosamente todo se estructuraba de una forma ordenada, no había nada fuera de su lugar. No tenia muy claro que buscaba, pero si sabia que finalidad tendría.

Ya rodeado de aquella zona en la que abundaban figuras extrañas de cerámica y colgantes, supuso que sustituirían los cuadros clásicos de siempre en los hogares, se percato de un objeto que podría ayudarle con su finalidad, la figura se componía de una especie de sol dorado en el cual había dibujado un ojo en su parte central.

—Es el adecuado. Pensó.

Tras la adquisición de esta extraña figura se dirigió directamente a su casa, acelero el paso todo lo posible, para subsanar el tiempo empleado en la tienda.

Por fin ya había llegado a casa.

—¡Yooo!.. (Dijo inmediatamente al entrar por la puerta, avisando así de su presencia).

—Nene... ¡Todos los domingos igual!, siempre se nos hace muy tarde para todo!. (El tono que Raquel usaba, mostraba su irritabilidad).

—Ya lo se... (Su intención era la de disculparse, por lo que ofreciéndole a la misma vez la bolsa de plástico que contenía la figura extraña que acababa de comprar le sonrió). —Te he traído una sorpresa.

—Pero... No hacia falta, no necesito nada. (Mientras que Raquel le contestaba, saco su regalo, y se lo entregó). ¿Carlos que es esto?. (Su ceño fruncido detonaba asombro).

—Lo han regalado con el periódico de hoy, decía algo curioso y me he acordado de ti.

— ¿Y que se supone que tengo que hacer yo con esto?.

El rostro de su mujer se había transformado, a pesar de seguir enfadada, le estaba resultando muy graciosa la situación de que le regalara una figura tan horrorosa, que seguro pensó en la intención de Carlos en pretender colocarla por la casa.

—Escúchame nena, es el sol del negocio, por eso te lo he traído.

No se le ocurrió otra cosa, sabia que debería de haberlo preparado antes, pero ya era tarde, tocaba improvisar, pero seria mejor eso, que empezar a contarle toda la conversación con Leo, ya que posiblemente no le creería. Pero su marido era consciente de que ella no se estaba afrontando su problema adecuadamente, no estaba emitiendo los pensamientos correctos, para que su situación cambiase, no estaba creando hábitos adecuados.

—Este "Sol", lo que hace es volver los negocios abundantes, por eso pensé que bueno... Pero el diario decía que no solo basta con colocarlo hay que hacer un pequeño ritual frente al espejo.

—Carlos, sabes que ese tema me preocupa bastante, no me gusta que te rías de eso.

—¡No me estoy riendo!, (dijo con tono brusco). —Te estoy hablando en serio, ¡haz lo que quieras!, tiralo y punto.

—No, no, bueno tranquilo, supongo que cualquier ayuda es buena, total no va a perjudicar mas. (La mujer bajo su tono de voz). —Bueno entonces, ¿que tengo que hacer con esto?.

—Debes de colocarlo en el mostrador de la tienda y que el ojo ese que lleva ahí dibujado mire para la puerta. También decía, que hay que hacer una especie de ritual cada mañana. (Todo iba bien pensó Carlos, estaba resultando bastante creíble en su explicación).

—Pues yo por las mañanas tengo poco tiempo de hacer "rituales". (Ambos rieron)

—No mira es muy fácil, solo tienes que pensar "que todo va a ir bien","tengo un negocio exitoso", pero escúchame nena, y por favor lo mas importante es que te sientas como si realmente estuviese pasando así, es necesario que te lo creas ¿vale?. Y así cada día.

—De acuerdo. (Respondió no muy segura).

Carlos quedo tentado por explicar a Raquel la importancia de pensar correctamente, de que todo lo que pensamos y sentimos es lo que va creando nuestro mundo, ya que su rostro mostraba la falta de convencimiento sobre esto que le contaba, pero bueno no perdía nada por intentarlo.

—¿Y las niñas?

—En su cuarto. (Respondió ella indicándole el camino con la cabeza).

Avanzaba por el estrecho pasillo hasta la procedencia de las voces, apoyado sobre el marco de la puerta saludo a sus hijas y mientras las besaba en la frente individualmente les pregunto:

—¿Como vais?.

—Bien. (Contestaron ambas casi de forma simultanea).

Tras el saludo siguieron construyendo una gran torre que se mostraba frente a ellas hecha con piezas de plástico.

—Iros preparando que tenemos que hacer varios cosas y ya es un poco tarde.

—Vale, venga lidia vamos. (La hermana mayor ponía fin a la construcción).

De camino al centro comercial, y debido a la cantidad de atascos en la carretera, el viaje se hizo bastante largo, pero al fin ya estaban allí, rodeados por una multitud de personas, que entraban y salían de los establecimientos continuamente.

—¿Papa?

—¿Dime hija?

—Podemos comer aquí, me apetece una "hambunguesa".

Lidia debido a su corta edad y a la separación excesiva de sus dientes, le costaba pronunciar bien algunas palabras. Tras una leve risa, le contesto.

—Claro hija. ¿A todos os apetece?

—SIIIIIII....

—De acuerdo pues venga vamos.

Durante la comida, Carlos notaba la ausencia de su mujer, su cuerpo estaba presente pero su mente parecía divagar por algún pensamiento interno.

—¿Nena que te pasa?

—No nada... Es que no se por que se me ha venido a la cabeza lo que me has comentado en la casa.

—¿Lo de la figura?, (Carlos sabia a que se estaba refiriendo, pero quiso hacer como que no tenia importancia).

—Si

—¿Y que pasa?. (Carlos notaba una buena sensación interna, su estrategia para invitarla a su nuevo mundo parece ser, que había funcionado).

—Pues nada que pensaba.... —¿Y si fuese verdad?.

Carlos no quería excederse en la respuesta, ya que tenia que aparentar que desconocía los resultados, que tan solo era un "juego". Era consciente de la importancia de este tema para ella.

—Bueno si por probar, pero recuerda que tienes que sentir que va bien de verdad, ¿Ok?, repítelo cada día, es muy importante que lo creas, ya que si lo crees, lo cre... (interrumpió sus palabras), —Bueno tu hazlo y ya me cuentas.

A pesar de las recomendaciones que le daba a su mujer, Carlos sabia que él también tenia algo que hacer durante esta semana, tenia que hacer uso del perdón, y a través de esto, encontrar su descanso interior.

El día iba aconteciendo con tranquilidad, pero cada hora que pasaba eran conscientes de que el domingo llegaba a su fin, y se enfrentarían a otra larga semana de trabajo.

A pesar de todos los intentos por disfrutar mas de su día en familia, la noche estaba haciendo su aparición, y ahora si que definitivamente, se ponía fin a este día, que pese a haberlo vivido de la forma mas gratificante posible para todos, se había quedado escaso.

En la casa reinaba un silencio absoluto, debido al cansancio acumulado, los miembros no tardaron en ocupar sus respectivas habitaciones, pero aquella noche, ni Carlos quiso encender la televisión de su cuarto. Necesitaba pensar.

Mentalización

Como cada día, un sonido estridente arrancaba a Carlos de su sueño mas profundo, indicándole el inicio de su batalla. Su despertador.

Ha falta de unos minutos para que llegase la hora de poner a su mujer en su misma posición, fue a la cocina con la intención de preparar algo de desayunar.

El aroma a café se hacia notar en el ambiente, lo que aun relajo mas a Carlos que permanecía apoyado con ambos brazos sobre el lavabo, y mirándose fijamente al espejo mentalmente se repetía *"os perdono y me perdono"*, en su mente fueron apareciendo todos aquellos a los que él odiaba. El sonido que declaraba que el café estaba preparado, le hizo tener que ir a la cocina para retirarlo del fuego.

Ya con su taza en la mano y dirigiéndose al sofá de su salón, se percato que junto al bolso de Raquel estaba la figura que el le regalo. La noche antes ella lo dejo allí para que bajo ningún concepto se le olvidara.

No entendía bien que le frenaba de no contarle la realidad sobre este asunto, las conversaciones con Leo, y porque no, en algún momento presentárselo y que ella descubriera este nuevo mundo al que él, había sido invitado. A falta de un motivo convincente, prefirió seguir de la forma que lo estaba haciendo, siempre habrá tiempo mas tarde, pensó.

—Buenos días cariño.

Raquel permanecía en el marco de la puerta, su tono aletargado, mostraba el cansancio con el que amanecía.

—¡Hola nena!, aun te quedan unos minutos mas para tu hora. (Dijo Carlos sorprendido).

—Ya, ya lo se. Pero bueno, así voy mas tranquila.

—Bueno... Hay café recién hecho por si quieres.

La mujer no le contesto, parecía que no le había escuchado, notaba algo extraño en ella esa mañana.

La hora de partir había llegado, cada uno cogió sus respectivas cosas y pusieron rumbo hacia sus diferentes destinos, pero antes de salir por la puerta, Carlos se detuvo un momento:

—¿Nena?

—¿Dime?

—Lo voy a conseguir...

El rostro de Carlos estaba serio, pero a pesar de eso mostraba tranquilidad, sus mandíbulas se apretaron al terminar la frase.

—¿El que?. (A ella le cogió muy por sorpresa esta afirmación).

—Voy a triunfar nena, voy a dejar mi huella en este mundo, voy a ser un ejemplo para nuestras hijas. (Un nudo se apretaba cada vez mas en la garganta de Carlos, que tuvo que hacer un esfuerzo muy grande para retener las lagrimas.

—Pero ya lo eres. (Afirmo ella), — ¿Pero que te pasa?. (Esta vez con el tono delataba su preocupación).

Realmente ni él mismo sabia porque había dicho eso, por lo que no supo contestarle, se acerco a ella y la beso.

Raquel quedo unos instantes quieta, en el mismo sitio en el que permanecía escuchándole aun desconcertada, pero prosiguió su camino también.

Una mañana mas, la persiana metálica subía, los trabajadores entraban y tras de ellos, los primeros clientes ansiosos por comprar su ropa en aquel establecimiento.

Las horas pasaban lentas, tan solo hacia un rato que estaba allí y ya sentía la necesidad de salir, abandonar ese sitio. Ya no tenia un compañero al que echarle la culpa de su malestar, y a pesar de eso, la sensación era muy incomoda.

Los clientes eran escasos, no se presentaba un día muy entretenido, por lo que Carlos mientras iba de una zona a otra de la tienda perfilando todo aquello que veía mal, tuvo tiempo de empezar a imaginar, que haría si no estuviese en ese trabajo, empezó a jugar con su imaginación, a pensar donde estaría en ese momento, si no tuviese la obligación de estar allí, que trabajo le gustaría estar desarrollando.

A Carlos le resulto curioso todo que estaba pasando en su cabeza. Sabia que no quería seguir allí, pero en ningún momento se planteo donde le gustaría estar. Por lo que dada la situación, intento aclararse de otra manera, planteando los requisitos que tenia claro le gustaría que tuviese su nuevo trabajo, la jornada tendría que ser seguida, nada de turnos partidos, de esta forma ya podría tener algo de tiempo al día para hacer sus cosas, el sueldo un poco superior al que tengo aquí, la empresa seria importante conocida por todo el mundo, y su puesto, seria un puesto de grado superior, se acabo el ser el miembro de la ultima casilla del organigrama de la empresa.

Carlos sonreía, la sensación de que el pudiera estar en un trabajo de estas características, le creaba una sensación increíble, él era consciente que debido a su nivel de estudios le resultaría difícil encontrar algo así, ya que ese tipo de trabajos, son las mas demandados por todos, pero él lo quería, lo necesitaba, la conversación del ultimo día con Leo, volvió a despertar su sueño de escribir un libro, y actualmente este trabajo no se lo permitía. Por lo que decidió dedicar todos los pensamientos de esa mañana a su nuevo proyecto.

—¿Carlos por favor puedes venir abajo?.

Una voz le preguntaba a través del walkie que utilizaban para comunicarse entre los trabajadores, así evitaban el tener que gritarse, ya que debido a la música y las voces de la clientela, era una tarea bastante difícil.

—Si voy para allá.

Reconoció la voz de su compañero, y tranquilamente con un paso sosegado, inicio su marcha hacia la posición donde le reclamaban.

—¿Dime Cesar?, (dijo Carlos mientras se encontraba a tan solo unos pasos de él).

—Pues... Es que mira tío como me han dejado esto. (Indicando con su mano, hacia una montaña de pantalones que por lo visto no se percataron el ultimo día de que esa mesa se encontraba en esa situación). —¿Me echas una mano para doblar todo esto?, por favor.

—Claro hombre, vamos que en un momento lo tenemos terminado, tu tranquilo.

Ambos comenzaron la tarea de doblar pantalones y conseguir bajar su volumen de esa montaña en el menor tiempo posible, las manos de Carlos trabajaban acompañadas por su silencio, lo que no pudo detener la curiosidad de Cesar:

—¿Qué te pasa Carlos te noto muy serio hoy?.

—No, nada, solo que estoy pensando en mis cosas.

—Bueno... (Esta respuesta no sonó muy convincente por parte de su compañero de faena, por lo que no conformo con la contestación insistió).

—Si te puedo ayudar en algo me lo dices. ¿De acuerdo?.

—Claro, tu tranquilo, si no es nada importante. Es ... que no me "apetece" seguir trabajando aquí.

Carlos quedo sorprendido ante la carcajada de su compañero, que a pesar de esa muestra de alegría sonaba con amargura.

—¿Que crees que a mi me gusta?. Esto es un infierno, no tengo tiempo para ir al gimnasio que si solo me permitieran eso, a mi me bastaba, pero ya sabes lo que hay... Pero bueno me he mentalizado y aguanto, hasta que la cosa cambie.

—Es lo que hay ¿no?. (Repitió con tono brusco).

Las ultimas palabras de Cesar hicieron renacer la "bestia" que Carlos llevaba dentro, esa parte de él, que le hacia evitar los caminos marcados. Sintió la necesidad de despedirse de aquel trabajo para siempre, ya que se dio cuenta que todos los que estaban allí, eran victimas del miedo, que no les dejaba proyectar un nuevo futuro, algo mejor. Pudo soportar la emoción, pero aplico mas fuerza en la proyección del nuevo trabajo que quería encontrar, aquel que se ajustara a sus necesidades de vida.

—Pues Cesar yo voy a cambiar esto.

—Vas a buscar otro trabajo?. (Le respondió con gesto asustado).

— Si. Es mas, el trabajo me buscara a mi.

—Carlos no deberías hacer locuras, la cosa esta muy mal fuera, y con nuestra edad no es fácil, y nosotros tenemos familia hombre. Tu piénsalo bien. (Le aconsejo).

Carlos era consciente de que su compañero no se sentía capaz, de ni siquiera intentarlo, por lo tanto y bajo ese miedo que le sujetaba a permanecer allí, quiso hacerle ver su realidad.

—Lo voy a hacer.

El tono de Carlos era firme, tenia claro su objetivo, algo le decía dentro de él, que lo conseguiría. Quizás, antes de lo que el mismo imaginaba. Mientras Cesar escuchaba sus palabras, su cara detonaba un gesto de admiración, sus ojos reflejaban la envidia por poseer esa actitud, por lo que rápidamente quiso volver a su estado normal.

—Pues si encuentras la manera me avisas. (Dijo mientras reía. Pero su mirada seguía fija, clavada en la de Carlos, admirándole).

— "Señores clientes les informamos que vamos a cerrar nuestras puertas, por favor pasen por caja".

La megafonía anunciando la terminación de la mañana estaba sonando, las personas que sin noción del tiempo continuaban allí, fueron abandonando el establecimiento, lo que ocasiono que Carlos fuese consciente de la hora que era, todo lo contrario que en las veces anteriores, que mostraba su adicción a mirar el reloj, pero esta vez, estaba demasiado ocupado fijando claramente su objetivo de una "nueva vida".

Los trabajadores empezaron a despedirse unos de otros, a pesar de que en breve se volverían a ver.

Ya con la gran persiana cerrada, y montado en su moto a tan solo unos breves minutos de casa, Carlos se percato que no había dedicado ni un solo instante de su pensamiento para Raquel, había estado demasiado ocupado estructurando su nueva proyección, por lo que aprovecho para intentar adivinar como le habría ido la mañana, pero le resultaba muy difícil ya que ni siquiera tenia una pequeña orientación, debido a que no había podido comunicarse con ella en toda la mañana. Pero tampoco quería desaprovechar esos minutos así que, empezó a imaginar que Raquel como llegaba, abría la puerta para acceder a casa, y antes de que el preguntara, con gran sonrisa desbordante de felicidad ella le decía:

—Nene, ¡Fantástico!. (Y tras un abrazo derivado de la satisfacción que la abordaba, continuaba diciendo).

—¡Esa "figura" funciona!.

Tenia muy poco tiempo antes de llegar a casa pero fue imaginando mentalmente, de forma continuada esta imagen en su cabeza. Lo curioso resulto, que cada vez que lo imaginaba el vello de sus brazos se alzaba, y su piel tomaba una textura porosa, su cuerpo reaccionaba ante este estimulo de emoción.

Ya en casa, como de costumbre empezó a preparar algo de comer, y a pesar de esto seguía con su imagen de lo que acontecería. Por todas las veces que no miro el reloj a lo largo de la mañana lo estaba haciendo ahora, estaba deseoso de que su mujer llegara, tan solo faltaban unos minutos.

Entre los sonido del agua hirviendo en la que Carlos había puesto algo de pasta a cocer, y el ruido de la turbina extractora, se percato del sonido de la cerradura de la puerta girando, Raquel ya estaba aquí.

—Yooooo... (Dijo ella anunciando su llegada, mientras cerraba la puerta para evitar golpearla contra el marco, ya que la fisura que había en la pared debido a golpes anteriores, cada vez se extendía mas).

—Hola nena, ¿cómo ha ido? (Carlos quería mostrar naturalidad, bajo ningún concepto quería forzar la situación, ya que haciendo un gran esfuerzo, comenzó a observar su respuesta).

—Pues... Es extraño, (Raquel hablaba mientras colgaba su bolso de los percheros frente al espejo de la entrada).

En su forma de hablar se notaban las retenciones de su emoción.

—Pero esta mañana, he vendido mas que en todo el lunes entero de la semana pasada. (Retuvo la mirada en Carlos esperando que de él surgiera la mención al "sol de los negocios", que le había dado. Percatado de la intención, decidió nombrarlo.

—¿Tu crees que ha sido por la figura?.

La carcajada fue común en ambos, aunque la risa de ella forzada sonaba nerviosa.

—Pues Carlos supongo que no. Habrá sido por que hoy la gente pues...les apetecía comprar

Carlos inmediatamente se percato, de cómo el cerebro de ella intentaba razonar de un modo lógico, el cambio que había acontecido hoy.

—Pero has llegado, has puesto la figura que daba el periódico, ¿y ya esta?, (A su marido le estaba costando muchísimo aguantar la risa, pero debía de hacerlo, quería demostrar indiferencia).

—Tu me dijiste que tenia que pensar también, ¿no?, que me repitiera que "todo va a ir bien" y que "tengo un negocio exitoso".

—Si si claro así fue... (Carlos estaba sorprendido, esta vez no pudo ocultarlo demasiado, sus ojos abiertos lo delataban).

—Pues así lo hice, por la noche cuando te dormiste, que por cierto fue pronto, yo seguí repitiéndolo hasta que me quede dormida, y esta mañana mientras me arreglaba también.

—Bueno vamos a comer y a ver como va la tarde...

—No le pongas a las niñas que las ha recogido tu madre, querían comer con ella.

Carlos intentaba cambiar la conversación, no quería darle mucha importancia al tema, pero sabia en su interior que algo estaba pasando, incluso el tenia sus dudas, pero mayormente, era sobre lo que su gran amigo Leo le hablaba siempre, que uno mismo es capaz de cambiar su mundo, si cambia sus pensamientos, su forma de actuar, ¿y si esto fuese real?. Se pregunto.

—Si, vamos a comer que nos de tiempo a descansar un poco. Respondió ella.

La comida se desarrollaba en un silencio incomodo, no había motivo por el cual estar sin hablar, pero cada uno de ellos se encontraba absorto en sus pensamientos. Carlos decidió compartir su nuevo proyecto con ella.

—Nena, voy a dejar el trabajo. (La contundente afirmación incluso le sorprendió a él mismo, no quería decirlo de esta forma, pero le salió así).

—¿Por que?, ¿A pasado algo?.

Mas sorprendido estaba él ahora, ya que no esperaba que la respuesta de su esposa fuese con tanta tranquilidad, incluso en el breve espacio de tiempo que dejo antes de la respuesta de ella, estaba preparado para algo del tipo "¡estas loco!", "¡ni se te ocurra!", pero fue todo lo contrario.

—No nena, no ha pasado nada concreto, lo de siempre ya sabes...

Raquel le miraba fijamente. —¿Se estarían invirtiendo los "roles" ahora?, se pregunto, daba la sensación de que su esposa le analizaba.

—Es que no quiero pasar el resto de mi vida allí, para mi es muy importante "la verdad" y allí me fuerzan a ser quien no soy, me hacen separarme de mi eje de vida, y eso no me hace feliz... Tengo que decirle a mucha gente lo bien que le queda una prenda cuando no es cierto, les hago creer que por encima de todas las cosas necesitan comprar "eso", porque les va a aportar mucha seguridad a la hora de una entrevista de trabajo, una cita, o cualquier cosa, les estoy mintiendo Raquel, no necesitan una chaqueta por ejemplo, de tal alto precio para que les den un trabajo, ni para ellos mismos, no es necesaria para nada, solo la necesidad de satisfacer su ego interno para sentirse mas poderosos, y así temporalmente encontrarse en paz, pero eso es vanidad. No son conscientes de que esa actitud, no les conduce a ningún sitio, pero yo como buen vendedor, soy capaz de hacerles sentir esa sensación, y no se porque, me esta repercutiendo a mi. Yo quiero ayudar a las personas a que sean felices, no lo contrario.

Hablando con su esposa se dio cuenta de cual era el motivo por el que no quería estar allí, lo que producía ese rechazo, ya que hasta para él mismo, era un motivo desconocido, "la sinceridad", no eran los compañeros, ni el sueldo, ni la mala cara de los jefes, ni el horario, era "la sinceridad", la sensación de estar desaprovechando cada palabra, convenciendo a las personas de cual es camino correcto, de tomar la decisión adecuada, cuando es totalmente el contraria a la que deberían elegir, y lo mas grave es que estaba potenciando los malos hábitos de las personas, casi sin querer estaba convirtiendo su mundo en un entorno de consumo sin sentido, donde el sentimiento básico, era el cuando mas cosas tenga, mejor seré y mejor será todo. Por lo que cada vez mas personas estaban mas alejadas de su felicidad real.

—Sabes que yo te apoyo en tus decisiones, si crees que tu sitio no esta allí, busca la forma de hacer lo que haga que te seas feliz, bajo ningún concepto voy a permitir que nada cambie tu forma de ser. Te necesitamos como eres. Tu haces que esta vida sea... Divertida nene, siempre estas inventando algo, siempre quieres cambiar las cosas, yo nunca te he dicho nada, por que se que en tu lucha tu eres feliz, y como bien dices hace tiempo, que ya no te veo así.

Carlos se mantuvo en silencio, no sabia que contestar, las palabras que escuchaban quedaban muy lejos de las que pensó que recibiría.

El momento de hermetismo se rompió tras la pregunta de su mujer:

—¿Te vas a despedir ya?

—No, aun no, porque soy consciente que la sensación de no tener ocupación me va a distraer de mi objetivo, y aunque parezca mentira ahora necesito tener la tranquilidad de que los días no corren en mi contra, necesito hacer algo mientras... Por lo que seguiré allí. Pero por poco tiempo.

Los dos se levantaron de la mesa, cargando todo lo que sus manos les permitían para dejarla despejada, tan solo en dos viajes tenían la mesa vacía, por lo que se dirigieron al sofá, para allí dejar pasar el tiempo que les quedaba de descanso hasta de nuevo volver a sus jornadas.

La mujer descansaba, su cabeza sobre una torre de cojines mientras que Carlos, apoyando su costado izquierdo sobre el brazo del tresillo, reflexionaba sobre la conversación que había mantenido con su mujer instantes antes. Ahora que sabia cual era la fuente de su malestar, ya disponía de la clave para buscar la solución, pensó en preparar un curriculum he inscribirse en la múltiples web de empleo que conocía, pero no lo haría así, mejor consultaría con su amigo Leo la forma de proceder en este caso, así el margen de error se vería muy reducido.

—No son horas de molestar, luego a media tarde lo llamare, no puedo aguantar al domingo para verlo, tengo que empezar a resolver esto cuanto antes, de hecho se alegrara mucho de la decisión que he tomado, y de mi toma de consciencia sobre el problema. (Pensó Carlos mientras esbozaba una sonrisa de satisfacción).

La tarde empezó como de costumbre, la música ambiental sonaba, los clientes entraban y salían, los empleados hacían sus funciones, todo era como siempre, menos él, ya no sentía la pesadez de las horas pasando, ya que las estaba usando para concebir un pensamiento definido sobre su futuro, se encontraba ausente, pero la pregunta de un cliente le hizo volver de forma brusca al lugar donde estaba:

—¿Perdona trabajas aquí?. (Carlos sonrió).

Cada vez que le hacían esa pregunta recordaba la respuesta con la que bromeaba con sus compañeros cuando ellos también eran victimas de la misma cuestión.

—¡No, no trabajo aquí!. Lo que pasa es que me dedico a ir por las tiendas doblando ropa y cuando termino pues me voy a otra y así paso el día... (Se dijo en su cabeza).

—Si dígame, ¿que necesita?. (La sonrisa seguía en su cara a consecuencia de su pensamiento anterior).

—Necesito un conjunto para mi, algo informal pero arreglado, es para una cena importante.

—De acuerdo, pero a ver necesitaría saber algo mas, es algo de trabajo o familiar, se lo pregunto por orientarme un poco y seleccionar algo adecuado dentro de la "informalidad" que quiere vestir.

—Si, es de trabajo, (contesto casi de forma automática el cliente). —Tengo que presentar un nuevo proyecto mañana en la empresa, pero me han ofrecido que lo comentemos antes para rectificar posibles fallos, por eso es cena de esta noche.

—Bien... bien..

Carlos miraba a aquel hombre, mientras que en su mente desplegaba todas sus herramientas de vendedor, intentando hacerse una idea de que colores y prendas le quedarían bien, debido a su estatura, peso, y forma de ser. Calculo una edad aproximada de unos treinta y ocho o quizás cuarenta y pocos años, su estatura de casi metro setenta y su constitución ancha, y pese al estilo de la ropa que vestía en ese momento, estos datos le aportaron unas ideas mas claras sobre como combinarle la ropa que le solicitaba.

—Sígame por favor.

El desconocido siguió al dependiente por todos los pasillos por los que él se adentraba, Carlos giro la cabeza en varias ocasiones para cerciorarse de que su cliente había seguido sus instrucciones, hasta que llegaron a su destino.

—Caballero, si le parece bien, como veo que no le incomoda vestir con camisa le voy a enseñar unos modelos de nueva colección que nos acaban de llegar. (Era el momento de hacer una buena venta). — Dependiendo del color que elijamos, lo tomaremos de punto de partida para las demás prendas y el calzado.

—Me parece perfecto. (Respondió con satisfacción).

El cliente mostraba la aceptación total de los consejos de su vendedor, notaba la facilidad de palabra y el control que tenia, estaba seguro que le ayudaría a seleccionar el atuendo perfecto.

—¡Mire que camisa tenemos aquí!, ¿no le parece realmente fantástica?. (Dijo Carlos mostrando su máximo entusiasmo. Pretendía hacerle creer que esa prenda estaba fabricada exclusivamente para aquel él. Que la necesitaba).

—La verdad que es bonita, y parece poco vista ¿no?

—Claro claro, es nueva colección, ya le dije que es lo ultimo que nos ha llegado esta semana. Con esta camisa usted marcara la diferencia, tiene una textura muy suave y de mucha calidad, se la puede probar y vera como le hace una figura ideal. (El precio que marcaba su etiqueta era bastante alto, por eso Carlos intento justificarlo con su explicación).

El cliente alargo su brazo para recoger la camisa que su vendedor le ofrecía, la coloco de manera estratégica para poder seguir cargando con lo demás.

—Y ahora vamos a ver lo demás. Vamos por aquí.

Continuaron unos pasos mas hacia la zona de los pantalones, Carlos selecciono los mas adecuados a esa camisa bajo su punto de vista.

—Mire caballero, ya que llevamos una buena camisa, por lo tanto necesitamos algo del mismo nivel de calidad, y con estos pantalones el conjunto es tremendo, vamos a terminar de verlo todo y se lo prueba todo, para que vea bien el efecto.

Una vez mas el cliente acepto el ofrecimiento de Carlos, cargando con una prenda mas en su brazo. Pero algo en su gesto estaba cambiando.

—Ahora vamos a ver el cinturón y los zapatos (afirmo Carlos con tono firme).

—Es que... no me quiero gastar mucho... (Dijo el hombre tímidamente). —Así que había pensado usar unos zapatos negros que tengo en casa que creo que le van a ir bien a estas prendas, ¿no crees?, y usar este mismo cinturón que llevo ahora. (El cliente se mostraba

un poco cohibido por la respuesta que acababa de dar). —
Y me parece que con estas dos prendas ya he superado el
presupuesto con el que contaba pero bueno si dices que
me va a quedar tan bien...

Carlos notaba la sensación de angustia que sentía
aquel hombre, se percato que en ese momento ese cliente
estaba intentando recurrir a unas prendas para que le
aportaran la seguridad que necesitaba para su
presentación de esta noche, y seguramente, usaría la
misma ropa, mañana si hoy le fuese bien.

—Esta usted nervioso por el evento en la cena
¿verdad?.

A la misma vez que Carlos le hacia esta pregunta a
aquel desconocido, pensó que quizás no debería indagar
mas, tan solo tenia que venderle aquella ropa y punto,
que en eso consistía su trabajo, era por lo que le
pagaban, pero no fue capaz de remediarlo, por lo que no
detuvo su iniciativa.

—Pues si. (La respuesta no tardo en llegar). —Me
juego mucho la verdad, esta presentación es un nuevo
concepto de ventas, un nuevo aporte sobre "capital social
y desarrollo económico en áreas rurales". Pero depende
de cómo resulte mi explicación sobre este tema, ya que al
haber aplicado algunos conceptos propios, pues seré yo el
que dirija esta iniciativa... O no.

—¿Y eso para usted entiendo que es importante?.
Disculpe mi ignorancia, es que desconozco ese tema
totalmente.

—¡Mucho!. (El énfasis en sus palabras mostraban que
realmente era su máximo objetivo). —Eso cambiara mi
vida. Todos mis estudios han sido dedicados para llegar a
este momento, y ahora solo tengo una oportunidad.

Se produjo un breve silencio que apenas duro unos segundos, ambos hombres permanecían de pie uno frente a otro. Carlos dejo de escuchar la música que sonaba en aquel momento, solo sentía la emoción de aquel hombre.

—¿Sabe que le digo?. (Carlos arranco a la fuerza las prendas que aquel hombre portaba sobre su brazo). ¡Que no necesita nada de esto!. (La ropa fue arrojada con violencia sobre una mesa que permanecía justo detrás de ellos).

—¡Pero hombre tengo que ir bien!, ¡Tengo que causar buena impresión!. (El cliente estaba intimidado por la actuación de su vendedor, no entendía a que se debía ese cambio tan radical).

—Una ropa mas elegante o menos, de un color o de otro no le va a ayudar a conseguir su objetivo, ¡si usted no esta preparado mentalmente!, ¿me entiende?. Incluso ahora se dispone ha hacer un gasto, que parece ser que no se puede permitir, por lo que le afectara negativamente en su conducta, y por supuesto que influirá en su actitud de esta noche.

El hombre no dijo nada, su rostro de asombro daba la razón a las palabras del vendedor.

—¿Pero entonces que hago?.

La actitud del hombre era familiar para Carlos, sabia que ese tono de voz al preguntar, inducía a seguir exactamente los pasos que él le dijera, si le decía que comprara, el cliente compraría, a pesar de que las prendas fuesen totalmente incompatibles con su persona, porque había llegado hasta el núcleo del problema de aquella persona, y eso le hacia accesible. Por supuesto que Carlos en acto reflejo a su rutina pensó en aprovechar aquella "brecha", y venderle todo lo que creyera que necesitaba para finalizar con éxito la noche, y que su jefe le premiara por una gran venta, pero no lo hizo así. Pero disponía de poco tiempo para enseñarle todo lo que había aprendido de Leo, a pesar de que por unos momentos pareciera una conversación entre amigos, Carlos estaba en su puesto de trabajo, y hasta el ultimo día se debía a aquel lugar, por lo que debía cumplir con las normas establecidas, por lo que procedió con una rápida respuesta:

—Confía en ti amigo. (Hizo un breve silencio, pero añadió). —Por muy bueno que sea tu proyecto, debes de estar seguro de ti mismo, nadie creerá nada sobre lo que digas si no muestras seguridad en tus palabras, somos conscientes de que el evento te resultara intimidatorio, pero desde ahora mismo, hasta el instante que tengas frente a ti a todos los oyentes, imagina con el máximo detalle posible ese acontecimiento, y por supuesto con un resultado exitoso. Se capaz de imaginar que todos al concluir te felicitan, y que por supuesto financiaran ese proyecto con tu persona al frente. Si eres capaz de sentirlo, serás capaz de crearlo.

Carlos no podía dejar hueco para que ese cliente se expresara, ya que se había percatado que desde la parte superior de la planta su jefe le observaba, pero no podía dejar su ayuda en esa frase, por lo que acelerando sus palabras continuo:

—Fabrica el recuerdo en tu mente, todo lo detallado que puedas, de manera que cuando llegue el momento real, tu cerebro lo reconozca, y transcurra como una de tantas que lo has imaginado, y en vez de ser una cena de negocios, y que esas personas están ahí para juzgarte, sentirás que es un momento normal con unos amigos, ya que el cerebro lo tendrá asumido, por lo que no entraremos en un estado de alerta, y mantendremos la

calma, con la ventaja, de que ya conocemos el resultado...
"Un éxito absoluto".

Aquel cliente desconocido mantenía las mandíbulas
fuertemente apretadas, fijando la vista al rostro de
Carlos, este no sabia si le había parecido mal que se
tomara la confianza de hablarle de ese modo, o
simplemente había creado un impacto sobre su
consciencia, pero pronto el hombre estrecho la mano de
su vendedor, y se marcho dejando como único despido:

—Volveré a verte, no me olvidare de ti.

Carlos quedo inmóvil, esperaba alguna respuesta mas
extensa, a los pocos segundos, aquel hombre ya no
permanecía en la tienda, por lo que volvió a recolocar en
su sitio las prendas que le ofreció, y siguió doblando las
camisetas de la mesa que tras su ausencia, aun estaba
peor que antes.

No pudo dedicarle mucho tiempo a reflexionar sobre
los recientes acontecimientos, sobre si su actuación había
sido correcta o no, debido al volumen de clientes que
estaba aconteciendo en aquella tarde.

Ya casi era la hora de cerrar, en breve escucharía la
megafonía anunciando el fin de la jornada, tenia gana de
llegar a casa. Mientras todo el establecimiento
permanecía inundado por la oscuridad, tan solo una
tenue luz sobre el mostrador donde uno de los jefes y la
chica encargada de la caja, contaban las ventas del día,
Carlos Sentado sobre su moto, aguardaba su salida para
cerrar definitivamente por hoy. Aprovechó esos minutos
para relajar su cuerpo, pero su mente fue abordada por
la imagen de su amigo Leo, sintió la necesidad de
llamarlo por teléfono para contarle lo que estaba
sucediendo. Saco su teléfono del bolsillo de su chaqueta y
comenzó a desplazar la agenda buscando a su amigo,
entre varios nombres mas, apareció el suyo.

—Vamos a casa. (Con tono fatigado afirmaba la cajera mientras cruzaba el umbral de la puerta abandonando el establecimiento, seguida por el jefe que miraba muy atentamente su teléfono móvil).

Carlos no tuvo mas remedio que guardar su teléfono y aplazar la llamada para mas tarde, bajo de su moto suavemente, respondiendo a la indicación de marcharse, mientras se agachaba para introducir la llave en aquella cerradura oxidada, soltó un escueto:

—Si, vamos...

A través de su espejo retrovisor veía como se alejaba, su compañera y su jefe, inmediatamente pensó que en algún momento ese habito que tenia, de ver que sucedía atrás por si apurando hasta ultimo momento, por si alguien necesitaba algo de su persona, seria la ultima vez, el ultimo recorrido que arrastraría una despedida. Tan solo era cuestión de tiempo.

La espera del ascensor que le llevaría del garaje a su casa se hacia interminable, sabia que su mujer le estaría esperando y seguramente, tendría buenas noticias, o eso esperaba al menos. Por fin el piloto indicador que indicaba que el ascensor estaba en su planta se encendió en color verde, mientras subía, permaneció serio, erguido frente al gran espejo que había en su interior, su mente estaba en blanco, solo se miraba fijamente a el mismo, intentando ver que sentía, pero casi no tuvo tiempo ya que estaba en su destino, su casa al fin.

No tuvo prisa en abrir la puerta, no hizo como en ocasiones anteriores, que estando aun en el garaje ya intentaba identificar la llave que abriría la puerta de su hogar. Abrió lentamente, no quería ser el causante de romper la armonía que sentía, inevitablemente la puerta sonó bruscamente al ser cerrada detrás de Carlos, aun no habían caído las llaves a la pequeña concha de mar, que adornaba sobre un pequeño mueble a la entrada cuando Raquel salió a su encuentro, tras un fuerte abrazo y un gran beso el cual se estaba cargado de una pasión infinita, su esposa se mantuvo a tan solo unos centímetros de él, sus brazos aun envolvían el cuello de su marido:

—Nene... tengo que contarte algo. (El tono de euforia descubría que la noticia que proseguiría a continuación seria muy buena, por lo que Carlos se relajo).

—¿Que a pasado?. (Su gesto era de asombro, no entendía el porque de este recibimiento).

—Siéntate por favor.

Raquel había preparado en la mesa del salón, un cenicero y un paquete de tabaco justo delante del sitio que solía ocupar Carlos, a pesar de que no le agradaba demasiado que el fumara en la casa, pero esa ocasión era especial, parece ser que todo estaba preparado para una larga conversación.

Ambos ya permanecían en la mesa, Carlos estaba intrigado, ya no podía aguantar mas sin saber que estaba sucediendo.

—Nena por favor cuéntame que pasa, que me va a dar algo...

—¿Cuánto crees que se a vendido hoy?.

—Pues a ver... (Carlos empezó a sonreír, ya comprendía el "porque" de su alegría). —Pues no lo se... ¿Mas que el lunes pasado?.

Intentaba no delatarse expresando lo que realmente sentía, se esforzaba por que le sorprendiera lo que su mujer le contaba, quería quitarle importancia al asunto).

—Mira para que te hagas una idea... Solo con la caja de hoy, pago el alquiler nene... ¡Del mes!.

Los ojos de Raquel se tornaron cristalinos, hacia mucho tiempo que no veía a su esposa llorar de alegría, tanto le conmociono la escena, que una lagrima se deslizaba también por el rostro de su marido, que intentaba con todas sus fuerzas recordar esa sensación.

—Me alegro mucho, de verdad. Le contesto.

—Madre mía, como todos los días sean así..(aguardo en silencio), ¿te imaginas?.

—No nena, yo no me lo imagino. Eres tu quien debe imaginarlo...

Raquel estaba tan embriagada en su emoción, que no escucha nada de lo que Carlos intentaba decirle, por lo que se limito a sonreírle y a escucharla:

—Mira Carlos yo... Sabes que no creo mucho en todo esto del esoterismo y tal, pero tu ... Por favor dime la verdad, crees que la figura queme diste, ¿tiene algo que ver?, es que te juro que ya no se que creer, es que es mucha casualidad nene, ya... Incluso me estaba planteando el cerrar ¿sabes?.

—No, no lo sabia. ¿Por qué no me lo dijiste?.

Su esposa le respondió con un profundo silencio.

—Bueno nena, tranquila, escúchame... Yo no se si la figura ha tenido algo que ver en todo esto, lo que si se seguro, es que hoy has hecho algo para que las cosas hayan pasado de forma diferente.

—Puede ser... (La mujer permaneció pensativa). —Lo único que ha cambiado a cada día Carlos, es que como siempre las horas empezaban a pasar y no entraba nadie, normalmente me enfadaba y maldecía a ese pueblo y todos sus habitantes... (Raquel bajo la cabeza avergonzada por escucharse a ella misma decir estas palabras).

—Pero hoy por lo que tu me dijiste que hiciera, pues, empecé a pensar que no pasa nada, que tenia "el sol de los negocios", y que enseguida empezaría a venir la clientela, cerré mis ojos Carlos, te lo juro, y por un momento vi la tienda llena de ropa, todo el mundo sin parar de preguntarme, cola en los probadores, incluso notaba el ambiente cargado por la respiración de tantas personas en unos escasos cien metros. Pero antes de que pudiera disfrutar mas de mi pensamiento, entro una clienta y otra y otra... No se Carlos, a sido tremendo.

Por unos instantes Carlos pensó en decirle la verdad sobre la figura que según ella era la causante de su progreso, pero decidió alimentar mas su pensamiento.

—Raquel yo solo te diré, que mañana hagas lo mismo que has hecho hoy. Sigue sintiendo la sensación que te crea la imagen de tu tienda llena de clientes satisfechos, ¿vale?.

—¡Por supuesto!. (Exclamó su esposa, su nivel de euforia aun no había menguado). —Bueno... ¿Y tu que tal, como te a ido?

—Bien bien, todo como siempre, tu tranquila.

Tenia muchas cosas que contarle, pero esta noche la protagonista era ella. En otro momento le contaría su día, de todas formas, mañana se repetiría todo prácticamente, igual que hoy.

La noche transcurría y ambos seguían sentados en la misma mesa, hoy no había horario para cenar ni para dormir, ya que sus hijas habían decidido pasar la noche con la abuela. Tras varias horas de conversación, el cansancio les empezó a atacar muy fuerte, por lo que a pesar de tener muchas mas ganas de seguir manteniendo la sensación que les causaba su charla, decidieron acostarse, ya que mañana traería otra oportunidad de acercarse mas a sus metas, y confirmar los resultados del cambio que estaban viviendo

A la mañana siguiente, los ojos de Carlos permanecían fijos en la pequeña apertura que había dejado la noche anterior entre la persiana y la repisa de su ventana, lo poco del día que asomaba, parecía estar apagado, grisáceo, a pesar de ser casi la hora en la que debería sonar su despertador, hoy no hacia aparición su sonido, como cada mañana. Pero a pesar de ese clima Carlos se sentía bien, desde que retomo la conciencia esa mañana, no paro de imaginar como seria si no tuviese que ir a ese trabajo que le esperaba, si fuese un escritor exitoso, no tendría que preocuparse de cumplir un horario, solo se levantaría tranquilamente, tomaría su café como de costumbre, abriría su ordenador portátil y daría rienda suelta a sus manos, para que se expresaran a su gusto, estuvo divagando por su pensamiento, hasta que llego la hora en la que si no surgía ningún contratiempo, disponía del tiempo justo de desayunar, ducharse, vestirse y llegar a su trabajo puntual.

Una ultima mirada al espejo y tras repetirse varias veces "soy feliz", fue la esencia que dejo en casa antes de cerrar suavemente la puerta, la que no volvería a abrir hasta pasadas unas horas.

La calle estaba en silencio, no acostumbraba a esa sensación ya que todos los días, los murmullos de la gente, el sonido del trafico, era abundantes en su camino, pero hoy algo parecía diferente, había gente, pero no murmullos, habían coches, pero no ruido.

—Una vez mas... La misma historia. (Pensó Carlos mientras encendía como a diario las luces de la tienda).

De camino al mostrador para dejar sus cosas y proceder con su tarea, llego a la conclusión, que si quería sentirse una persona exitosa tendría que empezar a comportarse como tal. Decidió tomarse el día en curso con una actitud mas positiva, pero dada la dificultad que le suponía, imaginó que ese día era el primero de los últimos quince que legalmente había anunciado a su empresa antes de abandonar su puesto de trabajo. El mero hecho de pensar que ya daba igual lo que pensaran, que no era importante estar atento a cualquier circunstancia que allí sucediera, que no tenia que estar en una continua lucha, ya que restaban catorce días para abandonar aquel sitio, para iniciar su camino a su sueño, le hacia liberar un poco de tensión mental.

—Da igual lo pesado que sea el día... Total para lo que me queda. (Repetía en su conciencia).

A Pesar de todos los "trucos" que Carlos utilizaba para hacer que su día fuese mas ameno, le resultaba imposible no notar el cansancio que le suponía el estar allí, ya que a nivel físico aun no estaba acostumbrado pese al tiempo que llevaba allí.

La escasez de clientes aquel aquella mañana se hacia notar, los pasillos estaban vacíos, las mesas seguían aun ordenadas, prácticamente ninguna prenda en el suelo, la situación atmosférica no acompañaba las ganas de salir de compras, por lo que se dedico a observar a su compañeros de trabajo.

Iban y venia de una zona a otra, intentando visualizar algo fuera de su sitio para colocarlo en su posición correcta, seguramente ellos también eran victimas de la tranquilidad que residía, pero presionados por los ojos atentos del jefe al monitor de las videocámaras de seguridad, a través de las cuales observaba a sus trabajadores, no podían permitirse el que los vieran parados. Dado que él se encontraba en su fictícia recta final, podía permitirse el lujo de cometer un acto de rebeldía, y hablar con algunos de sus compañeros mientras le ayudaba a sus tareas.

—¿Como vas guapa?

La pregunta y su presencia sorprendieron a una de sus compañeras que trataba de doblar una torre de pantalones que previamente ella misma había revuelto, ya que precisamente aquella chica era la que menos tiempo llevaba allí, y por lo tanto, no había podido establecer unos lazos de confianza como con los demás.

—Pues bueno aquí vamos... Esta la cosa súper tranquila ¿eh?, ya no se que ponerme a hacer. (La sonrisa de la chica acompaño el final de su frase).

—Ya te digo, yo tampoco, pero bueno ya veras como entra todo el mundo a la vez.

Ambos rieron simultáneamente. Pero Carlos se percato de la sonrisa forzada de su compañera, un poco retraído por la falta de confianza, no se atrevía a preguntar, ya que quizás fuese inoportuno, o se lo tomara mal.

—¿Va todo bien?. (No pudo retener su interés).

—Pues Carlos, la verdad es que no. (La cabeza de la chica se balanceaba haciendo un gesto de negación como respuesta a la imagen que en ese momento estaba visualizando en su cabeza.

—Si necesitas que te ayude en algo me lo dices.

—Tu no tienes solución a mi problema, de hecho nadie la tiene. (Respondió con resignación, mientras negaba con la cabeza).

Sin ni siquiera saber de que trataba el asunto, pensó en una persona que por supuesto sabría que solución darle, su gran amigo Leo, que por cierto se dio cuenta que en ningún momento le había preguntado sobre su trabajo, realmente no sabia nada de él, imagino que seguro estaría empleado en algo importante...

—El domingo le preguntare... (Pensó, y rápidamente retomo el tema de su compañera).

—Pero vamos a ver, ¿tan grabe es?. (No quería parecer interesado por el simple hecho de informarse, solo que la angustia de aquella chica le hacia sentir mal, por lo que no la dejo responder), — ¿Sabes cual es el problema?, que a veces nos pasan cosas que creemos que solo nos han pasado a nosotros, tenemos la sensación de que nadie a vivido esto antes, y déjame decirte que las circunstancias se repiten una y otra vez, que todo lo que vivimos alguien lo ha pasado ya, de ahí que mas o menos tengamos la idea de forma automática de cómo se resolvería.

Las palabras de Carlos abrieron la puerta de la sinceridad de esa chica, la que no entendía muy bien que trataba este de decirle, pero le había inducido a compartir con él su martirio.

—Hace dos semanas... Conocí un chico.

De todos los "dramas" que podía pensar que le pasaban a su compañera, este es la único que le ocasionaría un problema para intentar ayudarla, ya que sobre "chicos" precisamente él no era muy hábil, pero a pesar de eso, siguió escuchando.

—El problema esta,, en que al principio, los primeros días fueron muy bien, pero no se que ha pasado que bueno... Ayer empezó a decirme que estaba un poco mal, que no tenia gana de que nos viéramos, no se... Cambio radicalmente de actitud, lo raro es que me dice que cuando esta conmigo esta muy bien, que puede ser el mismo, por lo que no entiendo nada de lo que esta pasando.

—No se, a mi también me suena raro ese cambio tan radical según me cuentas.

—¡Y a mi! (exclamo la chica), si yo no he hecho nada que pueda molestarle... Ya es que no se que pensar... Quizás es que..

Carlos la interrumpió bruscamente, no dejándola terminar su frase.

—Por favor, no empieces a sacar conclusiones si aun no sabes donde esta el problema, lo que único que conseguirás con eso es turbar aun mas tus pensamientos. Quizás el problema no lo tenga contigo. ¿Puede ser?.

—Pues a ver, en su casa no se lleva bien con su madre, según me contó es una persona muy posesiva y controladora, siempre esta pendiente de lo que hace, a donde va etc...

—Pues el motivo de su cambio, ¿puede ser que haya discutido con su madre?, ¿o que tenga algún problema con ella?.

—¿Y por que no me lo dice?, tampoco es eso tan grave... Yo también discuto con la mía, pero a pesar de eso no pierdo el interés por verle.

Los trabajadores tuvieron que desplazarse hacia otra zona de la tienda para que la videocámara de seguridad y los ojos de su jefe solo vieran un buen trabajo en equipo, pero su intención era la de continuar con la conversación.

—Se nota que le importas... y mucho, a pesar de que en estos momentos sientas otra cosa.

La sonrisa de Carlos hizo que su compañera mostrara el mismo gesto, pero a ella estaba en un momento en el que no le apetecía sonreír por lo que volvió a su estado original.

—Eso creía yo... Pero se ve que ya se le a pasado el interés, lo que no entiendo es que si se supone que los principios de relación son lo mejor, ya que es cuando vas descubriendo cosas y tal porque...

Carlos volvió a interrumpirla.

—Correcto!, por eso mismo esta pasando esto.

—No te entiendo. (La chica esperaba ansiosa la respuesta de su compañero).

—Si fíjate, el también sabe que los "principios" deben de ser geniales, tal y como empezasteis pero claro, hay casos en los que como en este, las circunstancias externas afectan, y claro esta, que él no quiere ser el culpable de romper la magia del inicio, ¿me entiendes?.

— Si, pero yo podría ayudarle, o por lo menos compartir con el su problema.

—Esa es la idea, pero las personas debido a un habito adquirido no son capaces de exponer sus sentimientos ya que si en ocasiones anteriores lo han hecho, y la respuesta no ha sido la esperada, todas esos malos resultados se "acoplan" a nuestro cerebro en modo de bloqueo de intención, actuando sobre este impulso en forma de retención.

—Carlos me parece que vas a tener razón, el nunca quiere hablar de sus cosas, es decir solo me comenta como le ha ido el día, y cosas así... Pero desde que lo conozco, no ha querido hablar de su estado en casa por ejemplo.

La compañera mantenía la mirada en Carlos, se sintió aliviada ya que pensar que el problema no era con ella, le hacia sentir algo mas tranquila.

—¿Pero entonces que hago?, ¿le pregunto que tal van las cosas por su casa?, es que no se porque tengo la sensación de que no me va a contar nada.

—No podemos forzar a las personas a hacer algo que no quieren, este chico en cuestión, ha adquirido un habito de cargar el solo con sus problemas, por lo que se considerara autosuficiente para resolverlo, y por supuesto, no tendrá mucha intención de compartirlo contigo, para que tu le ayudes, eso a su forma de parecer, seria mostrar debilidad, y no se lo permite.

—¿Pero entonces que hago?.

—Se tu, la que lo invita a tu circunstancia, es decir, no preguntes, coméntale alguna dificultad por la que estés pasando en tu hogar, de forma que se sienta identificado, y por supuesto intentara ayudarte aconsejándote etc... Pero en su subconsciente no te ayuda a ti, se ayuda a el mismo. Seguramente te dirá, todo lo que él necesitaría escuchar, o aquello que le gustaría le dijeran a él. Y ya envueltos en una sinceridad total, y dado que estarás "jugando" en su campo, poco a poco se desprenderá de su coraza de autosuficiencia y también necesitara participar, entonces identificaras su problema real. Recuerda que las personas que luchan unidas, permanecen unidas.

—No se que decirte Carlos, de verdad, en ningún momento lo había visto de esta forma. (La chica suspiro a la vez que su rostro reflejaba un alivio inesperado). —Voy a hacer lo que me dices y ya te cuento ¿vale?.

—Claro que si, tu tranquila, cuando necesites algo me lo dices.

Ya no podían permanecer mas tiempo en la conversación, la sospecha de que estaban siendo observados era continua, por lo que decidió alejarse hacia otra zona he intentar pasar el tiempo lo mas rápido posible. Aun quedaba la mitad exacta de la mañana, y pensar que solo habían pasado dos horas desde que llegó, le estaba agobiando. Intentaba no pensar mucho en el paso del tiempo, pero le resultaba muy difícil, quiso distraer su atención ofreciéndose a colaborar con sus compañeros en sus tareas, pero estos, estaban en la misma situación que él, de un lado a otro, intentando encontrar el sitio que no era capturado por las cámaras, para poder dirigirse unas palabras entre ellos, y cuando al fin vio una pequeña reagrupación de los trabajadores en unos de los pasillos, libres de vigilancia se dirigió hasta allí, para formar parte de la reunión. Pero a la mitad del camino fue interrumpido por una voz procedente de su walkie.

—Carlos por favor puedes venir a caja, Carlos, caja.

—Voy para allá. (Que casualidad, pensó.)

Tras contestar a través del aparato, lo volvió a colgar con la pinza aflojada por el uso, en la parte de atrás de su pantalón, y se dirigió hacia donde reclamaban su presencia.

—Dime Julia. ¿Que sucede?.

La chica de caja le señalo con un gesto discreto a un cliente que permanecía de espaldas a ellos, Carlos supuso que algún cliente requería de sus servicios por lo que se coloco su mejor sonrisa y con un tono amable dijo:

—Buenos días caballero... ¿En que puedo ayudarle?.

—Ya me has ayudado bastante.

Las palabras de aquel hombre se pronunciaban mientras se giraba para quedar cara a cara con el vendedor de gesto amable.

La cara de Carlos reflejaba claramente su sorpresa. Tomo algún tiempo en poder tomar conciencia de la situación, esa cara le resultaba familiar, claro que si.

—¿¡Que tal le fue caballero!?.

La pregunta fue formulada con un énfasis total, casi como si ya supiera que todo había sido un éxito, aunque automáticamente, pensó en que quizás no fue así y solo vino para...

—¡Lo he conseguido!. Te doy las gracias de verdad.

La respuesta de aquel hombre del que incluso desconocía su nombre, interrumpió los pensamientos de este, alargando su brazo para estrecharle la mano, aquel hombre volvió a decirle:

—Gracias.

—¡Pero yo no hice nada hombre!, pero me alegro muchísimo que lo consiguieras.

Carlos no podía evitar mostrar el alivio que sintió al escuchar esa confirmación, ya que en caso contrario no habría sabido como actuar.

—Pero cuéntame que tal fue... (Prosiguió)

—La presentación en la cena fue un éxito rotundo. Hable con mucha fluidez, incluso me permití bromear con algunos detalles del proyecto, lo que dio un tono mas ameno a la exposición. Y por supuesto al día siguiente ya en la empresa, firmé toda la documentación necesaria y las autorizaciones correspondientes... Y bueno, a partir de este momento, empieza mi "nueva vida".

—Pero eso esta bien, ¿no?, era lo que usted quería.

—Claro que si, todo el esfuerzo por fin me es recompensado. Pero gracias a tus ayuda, a imaginarme realizando la exposición mentalmente, cuando llegó el momento no estaba nada nervioso, ya había vivido eso antes, como tu me dijiste, y me funciono. Me mantuve en un estado de calma total, hasta yo mismo me asombre. (El hombre sonreía al compás de su explicación). Por lo que me facilito mucho todo. Por eso he vendió a verte, te lo debía.

—No hombre por favor, has trabajado muy duro, y todo esfuerzo conlleva una recompensa.

—Carlos tengo que irme, estos primeros días tengo que estar muy pendiente de todo, ya que el coordinador soy yo. En unos días volveré a la ciudad, por favor acepta mi tarjeta, aquí tienes todos los números donde puedes localizarme, llámame la semana que viene que me gustaría hablar contigo con mas calma.

Los dos hombres volvieron a estrechar sus manos en modo de despedida. Carlos guardo la tarjeta en el bolsillo de su camisa, que tan agradecidamente, le había dado el que fue su cliente el día anterior, y hoy, se había convertido en alguien que se sentía en deuda con él.

El resto de la mañana transcurrió rápidamente, debido a la sensación de bienestar que sentía, y las ganas de llegar a casa para compartirlo con su mujer, había perdido la noción del tiempo, se encontraba atrapado en su pensamiento, disfrutando de la sensación tenia en ese momento, reflexionó sobre las experiencias que estaban aconteciendo, y lo fácil que le resultaba poder guiar a las personas, a que fueran capaces de aplicar otro punto de vista sobre sus asuntos particulares, y lo que mejor le hacia sentir era la sonrisa de gratitud que le dedicaban, para él, era el mejor pago. Actitud que debía a su amigo Leo, ahora él, también era capaz de desarrollarla.

Por fin la interminable mañana finalizaba, pero gracias a su idea de encontrarse en la recta final de su estancia allí, tan solo le quedaban catorce días y medio.

Aquel medio día, el sol estaba radiante, muy diferente a como empezó, tuvo que abrir la visera de su casco ya que la temperatura subía rápidamente dentro del habitáculo. Y tras un breve viaje, llegó.

La casa estaba en silencio, ni las niñas ni su mujer habían llegado aun, tan solo unos minutos faltaban para que la familia estuviese completa. Reviso meticulosamente su frigorífico intentando visualizar algo para preparar, y que fuese del gusto de todos, difícil elección, ya que si hay algo que no entendía, era el rechazo a algunos alimentos que mostraba su hija mayor, a pesar de ni siquiera haberlos probando antes.

La solución estaba clara, se percato de un tupper que contenía algo de comida del día anterior, era consciente de que no era una de las mejores opciones, y que seguramente no recibiría la aprobación de los demás miembros, pero sentía la necesidad de dedicarse unos minutos para meditar, algún pensamiento estaba haciendo fuerza para salir, pero las obligaciones no le permitían centrarse. Por lo que una vez que había resulto el tema de la comida, se dirigió al sofá, tomo asiento en la parte donde normalmente solía hacerlo cuando todos estaban haciendo uso, encendió un cigarro, y cerrando sus ojos, dejo caer su espalda hacia atrás.

—¿Por qué no estoy tranquilo?.

La pregunta fue formulada mentalmente, quedando a la espera de recibir algo por respuesta, dado que no fue así, y ni siquiera el mismo era capaz de contestarse, intento reflexionar sobre la mañana que había pasado, recordó a ese hombre tan feliz que había conseguido su objetivo, no puedo evitar sonreír, el problema de su compañera, y por supuesto como le habría ido la mañana a su mujer.

Se inclino lentamente para dejar descansar su cigarro en el único cenicero que había en aquella mesa de cristal, que permanecía frente a él.

A través del humo gris de aquel cigarrillo que casi estaba agotado, visualizo su reflejo en la pantalla, de esa televisión apagada sobre el mueble principal de su salón, parecía que estaba siendo observado por una silueta anónima, pero fácilmente identifico que era la suya.

La imagen que vio impacto en su conciencia, aquel hombre que se reflejaba mostraba un rostro cansado, casi agotado, su camisa negra, tan solo se mantenía cerrada por los dos últimos botones inferiores, y todo esto envuelto por un fondo negro, una oscuridad total.

—¿Realmente así es como se me ve?, ¿esta es la imagen que proyecto al mundo?.

No podía quitar los ojos de esa televisión apagada, forzó una sonrisa, y por supuesto la silueta se la devolvió, pero inmediatamente, su gesto triste, hizo aparición de nuevo.

Tenia que esforzarse por sentir algo diferente, no podía permitir mantener esa sensación en su cabeza, por lo que en su mente, disfrazo el reflejo con un traje negro de vestir, una camisa blanca, y una corbata del mismo color que su chaqueta, transformo la oscuridad de fondo por unos grandes paisajes que permanecían pintados sobre un gran lienzo colgado de la pared tras de él, y aquel sofá naranja, por un elegante y como sillón de piel negra.

—Esto me gusta mas... Así es como quiero verme (Pensó, su cuerpo se estremeció momentáneamente).

—Tan solo me quedan catorce días para empezar a conseguirlo.

La imagen se desintegro automáticamente, ese hombre cansado, con su camisa abierta había vuelto a aparecer. A pesar de la sensación amarga que sentía, tuvo que sonreír, su subconsciente le había hecho volver a la realidad.

—Catorce días. ¿Para que?.

Le resultaba gracioso que la idea, que tan solo era la estrategia mental que había inventado esa mañana para intentar apaciguar su pensamiento, fuese una respuesta automática ante esta situación, pero tan solo era eso... estrategia.

El ruido procedente de las llaves intentando abrir la puerta principal lo arranco del momento de una forma brusca, tras un violento salto, se puso en pie, y avanzo hasta la entrada, quería recibir a su familia.

—¡PAPA!. (La pequeña lidia se abrazo a sus piernas).

—Hola hija, ¿como ha ido el cole?.

—Bien. ¿qué vamos a comer? tengo hambre. (preguntaba la pequeña mientras entraba en la cocina intentando descubrir que seria).

—Hola San, ¿cómo ha ido?

—Bien... Como siempre. (Contesto la hija mayor mientras como de costumbre, soltaba su mochila en medio del pasillo, acto que a su Raquel le molestaba mucho).

—Hola nena, ¿y tu que?.

—¿Qué te pasa Carlos?.

—No me pasa nada ¿por qué lo dices? (la respuesta de su mujer le sorprendió mucho, no entendía porque le preguntaba eso).

—Te veo mala cara. ¿Te encuentras bien?.

—Si nena, yo estoy bien, un poco cansado, pero bien, es que la mañana ha sido muy floja, y parece que me agota mas cuando no tengo nada que hacer.

—Pues te podías a ver venido conmigo por que yo no he podido parar en toda la mañana. (El gesto que acompañaba estas palabras emanaba alegría).

—Me alegro.

Durante la comida, Carlos comento a su familia sobre aquel cliente, y la satisfacción que sentía por lo agradecido que estaba con él, incluso que le había dado su tarjeta para que pasados unos días, lo llamara.

—A ver, déjamela.

Sacándola de su bolsillo se la entregó a Raquel.

La mirada de su mujer permanecía fija sobre el rectángulo de cartón. Sus ojos se desplazaban de un lado a otro sobre aquella superficie.

—Nene... Pero este hombre tiene un cargo importante. (Afirmo mientras dejaba la tarjeta en una esquina de la mesa, aun sorprendida).

—Pues la verdad que no se quien es. (No puedo evitar sonreír). —Solo se que quería presentar un proyecto de... creo que algo de economía o algo así.

—Pero este hombre es el director general, o eso pone su tarjeta por lo menos. (Aclaro la mujer).

Carlos la cogió nuevamente, necesitaba contrastar esa información, ya que en ningún momento se había parado a mirarla. Y efectivamente bajo el nombre de aquel hombre, permanecía dicho titulo.

—¿Y dices?, ¿Que tienes que llamarlo?. (Pregunto sorprendida).

—Si nena, ahora iba a salir de viaje pero en dos o tres días ya estaría en la ciudad otra vez, y....

—¡Llámalo!.

—Tranquila que lo llamare... (La risotada de Carlos ocasiono que sus hijas levantaran las miradas de sus platos y Sandra preguntara):

—¿Qué pasa Papa?.

—Nada hija, que mama se ha emocionado. (Dijo con tono burlón).

Las carcajadas fueron comunes, las niñas no entendían que estaba pasando, solo les resultaba gracioso, y participaron.

Aun faltaba casi una hora para que diese comienzo la jornada laboral, otras interminables cinco horas en aquel lugar, pero de hoy no podía pasar llamar a Leo, esta vez era realmente necesario. —Antes de entrar o al salir del trabajo lo llamo, tengo que hablar con él, necesito su consejo, Pensó Carlos, mientras dejaba pasar los minutos que le quedaban de descanso. —¿Qué es lo que tendrá que hablar conmigo este hombre?, Pensaba aprovechando el silencio que residía.

La ultima reflexión mental fue interrumpida por la voz de Raquel.

—¿Qué piensas?.

—Nada nena, estaba en blanco.

—¿Seguro?.

—Si, seguro... (Carlos uso un tono tajante no quería compartir sus pensamientos en esta ocasión).

La hora de partir ya estaba cerca, por lo que debía comenzar su ritual diario de preparación. Carlos se dirigió al cuarto de baño, veía con claridad cada paso que avanzaba ya que su mirada perdida permanecía puesta en el suelo. Una vez en el aseo, procedió a lavar sus dientes, y su cara, con la intención de que el agua fría le arrancara la sensación que tenia, sus brazos mantenían el peso de su cuerpo abalanzado sobre el espejo que estaba frente a él, elevo su mirada y ahí estaba esa "persona" otra vez, a la que miraba fijamente:

—Esto no se acaba hasta que yo no gane. (Le dedicó).

El reflejo le devolvía un gesto serio, de ceño fruncido, el simple hecho de decirse estas palabras le hacia sentir poderoso, fuerte.

Arreglo su vestimenta con rabia, como si tuviese prisa, pero esta furioso, por algún motivo sentía que el tiempo corría en su contra. A pesar de que la semana se presentaba cargada de emociones, su pensamiento solo estaba fijado en que llegase el domingo, las conversaciones con su gran amigo Leo, se habían vuelto adictivas para él, ya que le ayudaban a descubrir un nuevo enfoque sobre las cosas, le hacia ver las circunstancias como desafíos, y los problemas como pruebas de acceso, hacia algo mejor.

Por mucho que quiso alargar el tiempo, la hora de ir a su trabajo había llegado, de nuevo otra batalla daría lugar dentro de su cabeza. Intento hacerse una anotación mental y realizar esa llamada que tenia pendiente a Leo, ya que dadas las circunstancias, la ocasión lo requería.

Arranco su moto, se desplazo despacio hacia su destino de esa tarde, intentó hacer del viaje un descubrimiento sobre el camino que hacia cada día, a pesar de ser un trayecto muy corto, empezó a experimentar la sensación de ir por esa ruta, pero elegir un destino diferente al que iba cada día, una emoción ya conocida por él le poseía, ya que en reiteradas ocasiones mentalmente lo había imaginado, y esa sensación de libertad le gustaba.

Antes de darse cuenta ya se encontraba frente a esa gran fachada de grandes cristales, que mostraban las mejores prendas que vendían en su interior.

—Hola Carlos...

—Hola... (La respuesta fue seca, no tenia gana de fingir que todo estaba bien).

El saludo fue devuelto a una de sus compañeras que fumando un cigarro, esperaba paciente su llegada para que abriera las puertas y dar comienzo a su tarea, el poco énfasis puesto en el saludo detonaba la ausencia de alegría de Carlos.

—¿Te pasa algo?,¿estas bien?.

—Si bueno... estoy bien. No te preocupes.

La chica no quedo muy conforme con la respuesta, pero estaba claro que Carlos no estaba dispuesto a compartir sus pensamientos con nadie.

—¡Maldita sea!. No he llamado a Leo. (La voz interior de Carlos paralizo su cuerpo, que con paso firme, se dirigía a encender las luces como de costumbre). —Al salir lo llamare.

La tarde estaba pasando muy lenta, a pesar de que esta vez la afluencia de clientes era continua, los pasillos reflejaban el paso previo de ellos, la ropa abundaba en el suelo, las prendas colgadas no coincidían, y las mesas formaban grandes montañas de ropa desordenada, por lo que se marco un punto inicial, y empezó en la medida de lo posible volver todo a su estado original.

A pesar de todo su esfuerzo por no mirar el reloj, y guiándose mediante la oscuridad del exterior, fue una gran decepción se consciente de que tan solo habían pasado dos horas, aunque su sensación, era de que casi seria la hora de terminar, por lo que siguió con su tarea. (Si algo tiene bueno el tiempo, es que pase lo que pase, no se detiene).

—¿Te ayudo?. (El tono tímido de la pregunta de su compañero, hizo que Carlos se percatara de que su ofrecimiento de ayuda, encubría algo mas).

—Si claro. Estoy colocando los modelos bien, esta todo hecho un desastre.

—No te preocupes, entre los dos lo terminamos enseguida.

Por unos instantes Carlos pensó que se había equivocado, que realmente su compañera solo pretendía ser cordial. Pero no fue así.

—Antes de entrar... he hablado con este chico.

—¡Ah! Bien, ¿y que tal?.

—Pues que tenias razón. (Una ligera sonrisa se mostraba en el rostro de la chica).

—Me alegro... Quiero decir, que no me alegro de tener razón. (Una silenciosa risotada demostraba que esa era la razón). —Entonces, ¿ya sabes cual es el problema?, (hizo una breve pausa, pero no obtuvo respuesta), —deduzco por la cara que pones, que no eres tu, ¿verdad?.

El intercambio de risas libero algo de tensión en la conversación.

—No, no era el problema conmigo. Parece ser que su madre no esta muy conforme con que entre y salga tanto de casa...

—¿Te lo ha dicho él?, (Carlos pregunto necesitaba saber la fuente de esa información).

—Si, me lo dijo él, pero no veras... Le costo mucho, yo, bueno, le empecé a decir que necesitaba hablarle, que mis padres estaban discutiendo por mi culpa, por que salgo mucho y no colaboro lo suficiente en casa, cosa que no era real, pero bueno tu me dijiste que lo integrara en mis asuntos, y así lo hice. (Carlos asintió con la cabeza). —Y al poco tiempo de intentar consolarme, me "confeso" que él, en casa tampoco esta bien... Y el resto ya lo sabes.

—¿Es curioso verdad?. (Carlos sonrió mientras le hacia la pregunta). —A veces tan solo se trata de proyectar nuestro problema en otra persona y así nos facilita mucho encontrar la solución, ¿te das cuenta?, Ya que desde dentro, la perspectiva es totalmente diferente, pero cuando le esta sucediendo a alguien ajeno, nos es mas fácil de tratar.

—Totalmente de acuerdo contigo Carlos.

—Bueno pues ahora hablar mucho, y a cuidar uno de otro, y las tormentas... Pasarlas debajo del mismo paraguas...

—Gracias, no se que haríamos sin ti.

La carcajada de Carlos se elevo por encima de la música ambiental del establecimiento.

—Anda venga vamos a otro pasillo.

Ambos compañeros pasaron prácticamente toda la tarde juntos, la necesidad de comunicación de aquella chica, hacia que no se pudiese despegar por mas de unos minutos de la compañía de Carlos, ya que a cada "problema" que ella le presentaba, él aplicaba un razonamiento y una alternativa resolutoria, tras las cuales iba adquiriendo mas seguridad en sus pasos, tras cada novedad, la compañera le contaba cada vez con mas entusiasmo cada uno de los avances que conseguía, basados en sus consejos.

Envuelto en la conversación, por no perder un detalle para no equivocarse al dar alguna recomendación para aquella chica, olvido por completo su habito de mirar el reloj, por lo que la megafonía anunciando el cierre le sorprendió gratamente.

—Por fin a casa. Ya esta bien por hoy. (Pensó).

Parado frente a la puerta, principal de su hogar escuchaba el ruido de sus hijas dentro, parecía que estaban tratando de preparar algo en la cocina, ya que escuchaba a Raquel a lo lejos, avisando de que llevasen cuidado de no quemarse con el fuego. El sonido de la puerta al abrirse atrajo a toda la familia para recibirlo. Tras besar a cada una de ellas, se sentaron a la mesa, la cena estaba preparada, en la cocina, el horno permanecía encendido, ya que las niñas habían preparado un bizcocho para los desayunos, por lo que estaban muy orgullosas de ello, ya que en ningún momento habían necesitado la ayuda de su mama.

Durante la cena, Carlos compartió con su familia los acontecimientos de su jornada, la ayuda que le estaba prestando a su compañera y lo lentas que le pasaban las horas allí. De tal forma, Raquel también compartió su mejora en las ventas, incluso de una forma simpática contaba como una de sus clientes, le pregunto si le vendía la figura:

—Nene me ha preguntado por el precio de "Mi sol de los Negocios"..... ¡Será posible!.

—¿Y que le has dicho?. (La respuesta era obvia, pero Carlos quería escucharla contestar).

—¡Pues que no estaba en venta!. Venga hombre...

Carlos no pudo evitar aguantar la risa ante el enojo de su mujer, realmente le había ofendido que se lo preguntaran. (Siguió riendo).

—Me alegro que estés contenta nena.

—Si... Me gustaría poder decirte lo mismo a ti.

—Yo estoy bien, solo que estoy cansado, de hecho voy a acostarme pronto hoy. (Algo estaba cambiando dentro de él, y el único momento que tenia para poder encontrarse consigo mismo, era por la noche, cuando no asumía ningún rol, se podía permitir ser el mismo).

Los días pasaban lentamente, el cansancio y la desesperación cada vez se apoderaban mas de él, sus pensamientos ya no eran tan nítidos como al inicio de la semana, sus razonamientos, se veía contaminados por la rabia que sentía de estar haciendo algo que lejos de la realidad era su vocación, sabia que ese camino no le conduciría a ninguna parte. Durante todas las noches que paso intentando dormirse lo antes posible para dar otro día por finalizado, siempre llegaba a la misma conclusión, "estoy ocupando el lugar de alguien, y ese alguien esta en el mío". Se consolaba mediante el pensamiento, que en algún momento, que un día... Lo haría.

Por fin, y tras muchas horas de desesperación interna, llego el tan esperado sábado por la noche, como si se desprendiera de una cadena que le mantenía atado a un poste, Carlos inhalo el aire fresco de esa noche, aquella tienda, en la que tantas horas había invertido quedaba tras de él, disfrutando de la paz y tranquilidad que le aportaba el pensar, que al día siguiente por fin, podría conversar con su gran amigo, que no tendría que volver allí, aunque temporalmente podría disfrutar de la compañía de sus hijas y que por fin alguien le escucharía a él, tenia claro que le ayudaría a enfocar las cosas de una forma diferente, solo Leo le entendía.

De nuevo cruzaba la puerta de casa, pero en esta ocasión nadie acudía a recibirlo, por lo que prefirió anunciar su llegada:

—Yo....

—Hola Carlos. (La voz de Raquel procedente de la cocina indicaba su nivel de cansancio también). ¿Como ha ido?.

—Bien nena bien, ya se ha acabado la semana, al fin.

Dejo sus llaves caer sobre la concha de la entrada, y se dirigió a ella que ultimaba los últimos detalles de la cena.

—Venga nena vamos a cenar que estemos tranquilos, que nos lo merecemos.

—Si , vamos. Mañana no vayas a poner el despertador por favor. (Su mujer le avisaba, ya que al menos una mañana a la semana quería descansar lo máximo posible).

—Vale. Si estoy seguro que me despertare antes. ¿Y las niñas?.

—Se fueron con tu madre al campo a dormir.

—Muy bien.

Que momento tan esperado este, quizás por eso la semana ha sido tan pesada para mi, pensaba Carlos mientras Raquel, vencida por el agotamiento ya permanecía durmiendo a su lado. En varias ocasiones intento quitar el foco de atención sobre su dificultad para dormir, la semana que ya declaraba su fin, había sido muy diferente a las anteriores, había experimentado todo tipo de emociones, pero era la sensación de responsabilidad lo que bloqueaba su sueño, se encontraba en el momento mas idóneo para meditar sobre todas las cuestiones que seguían sin respuesta en su interior, era consciente que el cambio no seria fácil, pero lo que si tenia claro, es que era necesario. Quiso estructurar una especie de guión para al día siguiente intentar que Leo aportara la claridad que requería a esa maraña de confusiones.

Al fin los ojos de Carlos empezaron a sentirse cansados, notaba como unas frías lagrimas se resbalaban por su rostro, había llegado el momento de rendirse, ya no podía aportar mas a ese día. Como despedida y mientras notaba como sus pulsaciones preparaban su próximo estado de conciencia, quiso dejar un ultimo mensaje en su mente:

—Soy exitoso. Soy feliz.

Sentado sobre la cama, todo su cuerpo permanecía empapado en sudor, alargo su mano hasta la almohada percatándose de lo mojada que estaba. A pesar de darle la vuelta para intentar analizar el lado opuesto, se percato que estaba igual, casi parecía que alguien había vertido un vaso de agua sobre aquella cabecera. Su cuerpo se encontraba fatigado, tenia la sensación de a ver estado toda la noche luchando.

—¿Qué había pasado?, no recuerdo que he soñado...

Por mucho que intentaba recurrir a su memoria, no obtenía resultado alguno. Pero la noche no había sido tranquila, eso si lo tenia claro.

Volviendo en si, tras un sobresalto rápidamente fue a mirar que hora era, con la esperanza de que la oscuridad nocturna ya hubiese pasado, la sorpresa fue muy grata para él, siete y media, la hora perfecta, tan solo unos minutos le separaban del gran ansiado momento.

Quiso tomar una ducha rápida antes, debido al sudor acumulado, se sentía incomodo, tomar un café, con la finalidad de estar totalmente despejado y receptivo frente al evento que se acercaba. Desarrollo estas acciones a la mayor velocidad posible, y por fin, la puerta de casa se cerraba tras su paso. De camino al punto de encuentro de cada domingo, Carlos fue consciente de la fluidez de la adrenalina que le recorría cada centímetro de su cuerpo, casi no notaba los pasos que daba, no era consciente de si corría o andaba, pero daba igual, porque ya estaba allí.

Las redondas mesas metálicas posicionadas en el exterior bar estaban vacías, el toldo estaba recogido debido a la falta de luz solar de aquella mañana, un instante pasó aunque para Carlos se le hizo una larga espera, hasta que su mirada se fijase en la parte interior del bar.

—¡¿Dónde esta Leo?!. (Su pensamiento hizo desvanecer por completo la emoción que portaba, y sustituirla por una amargura intensa). —¡No me lo puedo creer no esta!.

El paisaje a su alrededor había desaparecido, no existía nada, ni nadie, en sus oídos solo un leve zumbido estaba provocando un desequilibrio en su equilibrio. Solo tenia una alternativa, llamarlo.

La velocidad que antes poseía ahora había mutado en lentitud, su cuerpo reaccionaba con un retardo alarmante, pero a pesar de eso, consiguió sacar su teléfono móvil, tras una previa búsqueda entre sus múltiples contactos, vio su nombre. Era su única oportunidad de que su cabeza dejase de retumbar.

—Hola Carlos. Hoy has llegado tu antes.

El tono de esa voz le era totalmente familiar, por lo que se apresuro en levantar la cabeza y mirar el origen de aquellas palabras.

—¡Leo!. (inmediatamente se abalanzo sobre él, intentado demostrarle la alegría que le suponía el tenerlo allí, frente a frente). —Tenia muchas gana de verte, pensaba que no ibas a venir, estaba a punto de llamarte. (Guardo de nuevo su teléfono). —¿Cómo estas?.

La carcajada de Leo aporto tranquilidad al momento.

—Bien, muy bien. ¿Y tu?, te noto algo... Inquieto.

—La semana ha sido muy extraña Leo, han pasado cosas que me han hecho reflexionar, y ahora, no puedo quitar esos pensamientos de mi cabeza. Por cierto tengo que contarte algo que me sucedió con un cliente, es tremendo ya veras, te va a gustar. (Sonrió levemente).

Ambos hombres permanecían de pie junto a la puerta del bar, ya que Carlos sentía la necesidad de hablar con su amigo, esta vez el mismo tomo la iniciativa de elegir un lugar para poder hacerle su exposición:

—¿Te parece bien si nos sentamos en un banco?, no quiero robarte mucho tiempo. (Su mano se alzo señalado a unos de los bancos de madera que permanecían deteriorador por las condiciones atmosféricas, y por el mal uso de los niños que jugaban en aquel parque).

—Claro que si, no hay problema.

Sin terminar de pronunciar la ultima palabra emprendió camino hacia el asiento indicado por Carlos.

El parque estaba vació, quizás por la oscuridad que provocaban las nubes que tapaban el sol, o debido a la hora que era, por lo que los columpios, solo eran movidos por las corrientes de aire que hacían los edificios colindantes.

Tras tomar posiciones en aquel banco, Leo aguardo unos segundos mientras miraba fijamente los ojos de Carlos:

—¿A que tienes miedo?. (El tono con el que Leo le formulo la pregunta intimido a Carlos, el guión mental que el se había construido la noche anterior estaba siendo saboteado, en ningún momento imagino empezar la conversación de este modo).

—¿Como sabes que tengo miedo?.

—Por tu mirada Carlos, esos ojos te delatan. Tu mirada a cambiado desde la ultima vez que nos vinos.

Carlos se sintió avasallado por la critica de aquel hombre, no era capaz de diferenciar entre si lo que estaba escuchando era favorable o no, por lo que decidió no hacer ningún comentario, pero a Leo no le importo, por lo que le continuo diciendo:

—No te sientas mal... No es malo sentir el miedo. De hecho es muy necesario que aparezca en algunos momentos de nuestra vida, ya que es la señal, de que algo necesita cambiar, ¿verdad?.

—Si, exactamente es eso. (Carlos alzo la cabeza, su tono inquieto demostraba la incapacidad que sentía de resolver esta circunstancia el solo). —Me encuentro mal Leo, no puedo dejar de pensar que estoy malgastando mis días, haciendo algo que no me gusta, estoy viviendo la vida de otra persona, ya que no estoy nada satisfecho con lo que hago, ya te digo que ha sido una semana muy difícil para mi, pero no se lo que ha pasado, antes incluso me gustaba mi trabajo, mi vida en general, en fin, en su momento me ayudo mucho a mejorar otros aspectos, pero ahora siento que me esta reteniendo, que me estorba, ya que he decidido empezar un nuevo camino... Solo puedo pensar en mi sueño, no quiero pasar el resto de mi vida como se supone que debería hacerlo, sino como quiero hacerlo, pero nadie me entiende y se que con mi cambio voy a perjudicar a mi familia y eso es lo que me esta frenando. (la mirada de Carlos bajo hasta sus pies). —No me atrevo a dar el paso, tengo miedo del fracaso y haber cambiado mi situación actual, que aunque no es cómoda para mi, pero los demás es lo que esperan que haga.

Leo lo miraba fijamente mientras que escuchaba sus palabras, su expresión neutra no le trasmitía mucha tranquilidad a Carlos, pero tras unos segundos de silencio por parte de ambos, al fin le dijo:

—Carlos, necesito que me escuches bien... (Extrañamente Leo dibujo una tímida sonrisa en su rostro incomprendida por su amigo). —Todos somos conscientes de lo difícil que es en ocasiones variar el rumbo del viaje en el que nos encontramos, y a pesar de no estar conformes con nuestra posición en este plano, nos conformamos, la dificultad viene cuando somos invadidos por la necesidad de cambio... Que es lo que te esta ocurriendo amigo.

Carlos escuchaba atentamente estas palabras. Tan solo el tono de voz de Leo le hacia sentir capaz de todo, algo desprendía ese hombre que le hacia sentir tanta seguridad, con él a su lado, sentía que todo era posible.

—En tu caso, has sido capaz de descubrir cual es tu objetivo, tu misión en esta fase terrenal, y eso es lo que ocasiona que cada día que sabes que no lo estas intentando pese mas sobre ti, ya que por lo que me decías antes, tu trabajo actual te esta "estorbando", dado que no permite que le dediques el tiempo necesario ni si quiera a intentarlo, en tu caso es el trabajo, pero en otra persona será cualquier otro motivo, ya que cada uno vive atado a una circunstancia la cual no les brinda la posibilidad de ser libres para realizar sus objetivos. Y si de algo peca el ser humano es de una continua justificación. No hago esto porque no puedo, porque no tengo, no es el momento, nadie me entiende, o esto es lo que hay... Pero cualquier excusa se reduce a lo mismo, "Miedo". Pero esto no es mas que una emoción provocada por la percepción de un peligro a lo desconocido. Al despertar tu potencial, y al tomar conciencia de que lo que estas haciendo ahora, te has dado cuenta que no es lo que quieres, lo que necesitas para ser feliz, pero el miedo, es el factor común en todas las rupturas con la rutina, es normal, pero... debes enfrentarte a él. Es tu enemigo. Es la causa de que no estés donde quieres estar.

Carlos se encontraba totalmente identificado con aquellas palabras, no podía eliminar de su ser el animo de lucha por lo que quería, pero el "enemigo", no le dejaba actuar en consecuencia.

—Leo, eso que dices es totalmente cierto, hay momentos en el día en que me diento muy capaz de afrontar las consecuencias de tomar la decisión que reclamo, pero seguidamente, el pensamiento opuesto recae sobre mi, y siempre vence. (El geto de Carlos se entristeció). —De hecho aun no me he despedido, pero en mi mente y para sosegar mi ansiedad, me imagine que les avisaba de mi marcha, incluso contaba los días que me quedaban para irme de allí. (Su cabeza se inclino hacia abajo mostrando así la vergüenza que sentía por esta técnica absurda).

—¿Si?, ¿y cuantos te quedan?.

—Nueve con hoy. (La respuesta no se hizo esperar, tenia muy claro el computo de los días que le restaba desde que supuestamente "dio el paso", pero la pregunta hizo que levantara la cabeza).

—¿Y cuando pasen esos nueve días que te quedan que piensas hacer?, ¿te imaginas que les has dado otros quince?. Pero que sensación vas a soportar, un fracaso aun mayor, ya que ni siquiera has sido capaz de cumplir algo que te has prometido a ti mismo.

El rostro de Carlos se sonrojo como respuesta a esa pregunta tan embarazosa, pero a su vez cargada de razón, seguramente era lo que pretendería hacer.

—Las fechas que solo hacen alargar el momento de tomar una decisión ya que... Ningún momento será el adecuado, lo único que hacen es perjudicarnos aun mas, (Notaba como sus palabras estaban influyendo negativamente en su amigo, por lo que decidió desviar un poco su atención). Carlos, te pondré un ejemplo:

— Si marcásemos navidad por ejemplo, como fecha de proceder para hacer cierta cosa o dar el paso para enfrentarnos a algo, a pesar de su lejanía llegara, y los días o meses previos sentiremos que aun estamos dentro del plazo de tiempo permitido, por lo que podremos mantener la calma, pero cuando llegue... Nos excusaremos diciendo que no es momento ahora, que hay muy buen ambiente, o cualquier otra excusa. Ese el problema. Pero ten en cuenta que cuando mas tardes en dar el paso mas difícil será, muy a pesar de lo que crees, ya que el final va a ser el mismo, en tu caso es perder tu trabajo, otra persona no ve nunca el momento de comunicar una noticia a su familia, o alguien no ve el momento de dejar a su pareja, lo que sea, todo es lo mismo "Toma de decisiones", enfrentarse al miedo. Pero en tu caso, si un día llegas después de largos años de trabajo, sacrificio día tras día, ¿y te encuentras una carta de despido?. Entonces ¿que pasaría?, seguro que pensarías que es el momento de emprender el camino a tu cumplir tu sueño, pero tu no habrás decidido nada, solamente que debido a un cambio aleatorio en tus circunstancias, te encuentras en el punto que necesitabas hace mucho tiempo, pero ahora, no hay retorno, ¿Y si ya es tarde?. No has sentido la sensación de sacrifico, de esfuerzo útil, no has entregado nada para que tu sueño se cumpla. Tu no has sido capaz de intentar cambiar las cosas por ti mismo. Por muy duro que sea el resultado, por muy difíciles que se pongan las cosas, aun cuando ya ni sabes porque has dado lugar de estar en esa situación, sabrás que fue debido a que un día decidiste luchar por hacer real un sueño, no te hará sentir peor, que cuando recuerdes que nunca lo intentaste, y ahora a escasas horas de morir, cuando ya no hay solución.... ¿Qué vas a hacer?. (La pregunta de Leo no esperaba respuesta alguna). Piensa que por cada día que no lo intentas, por cada hora que duermes, por cada hora que estas de ocio, hay alguien sacrificando todo eso, para llegar a donde tu quieres estar, cuando mas te dejes influir por el miedo, cuanto mas dudes y esperes el momento perfecto, que déjame decirte... Nunca llegara, mas lejos y mas difícil será conseguir lo que tanto buscas, tu felicidad. ¡Carlos!, (la exclamación de Leo le sobresalto), —El miedo es la distancia que separa tu presente de tu objetivo... Sea cual sea. ¿Me entiendes?.

El silencio envolvió de forma brusca la escena que estaba aconteciendo en aquella mañana, ambos hombres mantenían la mirada fija, de los ojos de Carlos una lagrima asomaba con timidez. No era capaz de esconder mas la emoción que le hacían sentir esas palabras. A pesar del nudo en su garganta, quiso contestar.

—Si, claro que te entiendo. Leo, Voy a hacer realidad la cuenta atrás. (Los ojos de Carlos mostraban la furia, eran el vivo reflejo del fuego del infierno, ahora en ese instante había despertado "la bestia" de su interior, ahora, era imparable). —Te doy mi palabra que dentro de nueve días, voy a dedicarle todo mi tiempo y mi energía en hacer mi sueño realidad, voy a luchar por conseguirlo, desde hoy voy a vivir mi vida a mi manera. Voy a proyectarme en que cuando yo ya no este presente en este mundo, mis hijas tendrán un libro escrito por mi en sus manos, y con orgullosas dirán: "este es mi padre". Esa es mi meta. Y así les demostrare que se puede conseguir, que nunca se rindan ante anda. Que si yo lo conseguí, ellas también pueden. Ese será mi legado.

Carlos se inclino hacia delante con su mano presionando fuertemente sobre su estomago, intentando apaciguar así el inmenso dolor que había sentido al escucharse decir aquellas palabras.

—¿Qué te pasa?. (Pregunto su amigo mientras le observaba en aquella postura).

—Nada, estoy bien, es que a veces siento como si me clavaran una espada en el estomago... (Dijo con tono preocupado, ya que de siempre había tenido problemas en ese órgano). —Ahora ya estoy un poco mejor, pero de vez en cuando... De hecho la ultima vez, estuve al borde de la muerte, incluso el cirujano no se explicaba como había pasado eso, con lo joven que soy me dijo.

—Claro...

—¿Claro?, ¿es normal que me pase esto?.(la respuesta le resulto extraña, por lo que necesitaba que la explicación de Leo tardase en llegar).

—¿Cuantas veces has tenido el control de tu vida?, ¿cuántas veces has tenido el coraje de guiarte por tu intuición?, no me contestes... ya te lo digo yo... ¡NUNCA! (exclamo bruscamente). —Y ellos son los indicadores que tanto silenciamos cuando se pronuncian, los sentimientos son como los alimentos que comes cada día, si no eres capaz de digerirlos, si no eres capaz de procesarlos, se estancan hasta que se pudren, y entonces es cuando llegan los problemas de estomago, perforaciones de duodeno, colon irritable, etc...¿A que te suena?, al igual que la tristeza se manifiesta sobre tu corazón, las emociones retenidas van ahí, justo donde esta tu mano derecha ahora mismo. Por eso no creo que necesites mas señales de la vida, ni del universo, para que despiertes y te des cuenta de que ha llegado el momento de enfrentar a tus demonios. Todo el miedo que tienes hoy por perder todo lo que tienes es sustituible, tu casa, tu coche, tu nivel de vida, lo que sea. Pero querido amigo, déjame decirte que lo que nunca sustituirás, será la sensación de fracaso que te quedara si no luchas por lo que quieres, y te perseguirá el resto de tu vida, y siempre serás lo que sientes... un fracaso. El día de mañana tus hijas crecerán, y cuando vengan a ti dado que eres su padre, y quieran compartir contigo alguna de las dificultades por las que tu debido lógicamente a la diferencia de edad ya habrás pasado por situaciones semejantes, y pidan tu consejo, ¿que les vas a decir?, ¿con que razón cargaras tus consejos?.

Leo arqueo sus cejas hacia arriba mientras que Carlos, era totalmente consciente del mensaje que pretendía hacerle llegar su amigo. En ese momento, se prometió a el mismo que recordaría estas palabras, ya que eran el detonante que había desbloqueado su fortaleza, el empujón que le faltaba, el momento estaba claro, ya era hora de tomar el control sobre su vida. Como si alguien tirara de su cabeza hacia arriba y con su espalda totalmente recta dijo:

—De acuerdo Leo... El momento ha llegado. Es hora de empezar a andar por mi camino, si algo me estorba lo quitare, y si caigo, me volveré a levantar.

—Muy bien, ahora lo has entendido, convéncete de el potencial que tienes. (La mano de Leo apretaba el hombro de Carlos, mostrándole así, lo orgulloso que se sentía de él).   —Vuelve a ser un niño, vuelve a tu infancia, cuando tu única obsesión era mantener el equilibrio para poder andar, recuerda que cada paso que dabas era festejado por los demás, si te caías volvías a levantarte, seguías intentándolo, hasta que un día, un paso siguió a otro y por fin aprendiste a andar, incluso a correr, descubriste un mundo totalmente nuevo, tenias acceso a otras cosas que desde el suelo no alcanzabas, pues en la vida es igual. Levántate y alcanza eso que tanto deseas, descubre las cosas que antes no sabias ni si quiera que estaban, ya que desde arriba la perspectiva será diferente. Pero esto que yo te estoy diciendo hoy Carlos, tendrás que recordarlo a lo largo de tu vida, al igual que eres capaz de afrontar esta situación, te encontraras en muchas otras coyunturas, en las cuales tendrás que "tomar decisiones", pero desde ahora, tu eres el dueño de tu vida, ahora tu decides que hacer con ella, y con tu tiempo, en este proceso desarrollas herramientas naturales que te ayudaran hasta que se harán un habito de forma natural para ti, como la disciplina, responsabilidad, y muchas mas cosas que iras descubriendo.

Aquellos hombres permanecieron callados durante algunos minutos, dando la sensación que la conversación de aquel domingo ya iluminado por el sol que los miraba desde su punto mas álgido, abandonado por las nubes que inicialmente lo ocultaban había llegado a su fin, pero no fue así.

—¿Te puedo hacer una pregunta?.

—Claro dime Carlos.

—¿A que te dedicas?, es decir, ¿cual es tu oficio?, es que bueno esta semana estuve recordando nuestras conversaciones, llegue a la conclusión de que no sabia nada de ti...

La carcajada de Leo ocasiono que su compañero le imitara.

—Soy constructor. (Le respondió con una ligera sonrisa).

—¡En serio!, Pues de verdad te digo, que lo ultimo que hubiese pensado es que te dedicabas a la construcción. (El tono sarcástico de Carlos, les hizo sonreír).

—No Carlos, no soy ese tipo de constructor que estas pensando, yo construyo...

Las palabras de Leo fueron interrumpidas por una pelota que había golpeado sus piernas, inmediatamente un niño que corría tras de ella se disculpo.

—Perdone Señor. ¿Me da la pelota?. (Dijo aquel niño de ojos claros y pelo oscuro con tono tímido, casi avergonzado).

—Claro que si, aquí tienes.

El niño que sujeta la pelota entre sus manos, salió corriendo hacia donde le esperaban los demás con los que compartía su juego de domingo por la mañana. Carlos, el cual había perdido la noción del tiempo se percato de la abundante gente que rellenaba aquel jardín. Por lo que pensó en buscar otro sitio tranquilo.

—Leo, ¿Te parece bien que vayamos a otro lugar?.

—Claro que si, no hay problema.

Ambos hombres se levantaron y empezaron a caminar sin rumbo, dejando tras de ellos a todo aquel gentío. Caminaron juntos durante unos minutos en silencio, Leo mantenía su cabeza erguida, como si alguien estuviese tirando de ella hacia arriba, mientras que Carlos, tan solo una pequeña distancia separaba su barbilla de su pecho. Detuvieron su marcha, ambos permanecían parados en medio de aquella calle vacía.

—¿En que estas pensando?. (La pregunta de su amigo hizo que volviera en si).

—Pues pensaba... En la sensación de arrepentimiento que estoy seguro que tendré en algún momento de mi nueva vida, y bueno... Lo que van a pesar los demás... No se Leo, estoy seguro de lo que voy a hacer pero no consigo vencer la duda.

—Te entiendo perfectamente, yo también me encontré en esta misma situación, no por tema laboral como en tu caso, pero la esencia es la misma, todo forma parte de todo, vivimos en un mundo de no dualidad, no existe el yo, y por otra parte tu, todo esta perfectamente armonizado, todo esta conectado entre si. Yo fui capaz de hacerlo, ¿Por qué no lo vas a ser tu?. Pero te diré algo mas, si ni tu mismo eres capaz de confiar en ti, de demostrar que todo es posible, que el pensamiento es capaz de reestructurar tu vida, ¿quién pretendes que te crea?.

La pregunta retumbo en la cabeza de Carlos como un golpe de tambor.

—Se consciente de que todo esto que te esta pasando, tu lo ves como circunstancias indeseadas, como eventos que te están perjudicando ya que te ocasionan el dolor de estomago continuo por ejemplo, y ese mal estar general, pero son las señales para que despiertes para que te des cuenta de lo que te va a suceder si continuas por el camino en el que te encuentras ahora mismo, ya que si sigues asi, serás victima de todos estos efectos de una forma crónica, entonces no encontraras un punto de retorno. Y ahí si que será el tan temido fin que piensas que va a ser ahora. Hay momentos en la vida en las cuales no somos capaces de detectar realmente donde se ha instalado el problema causante de nuestra infelicidad y tendemos a atacar las partes débiles de nuestra vida, aquello que consideramos suprimible, y que no tiene nada que ver con la realidad.

La sensación de que resbalaba una bola de hierro en la garganta de Carlos le ahogaba, por estas ultimas palabras. Pero inmediatamente, fue abordado por la seguridad y la fuerza que sabia iba a necesitar en el momento que en su caso cuando se pusiera delante de su jefe y esta vez, seria real, y anunciara su partida. Cerro su puño lo mas fuerte que pudo, notaba que la tensión que estaba aplicando subía hasta su codo, conscientemente quiso asociar ese movimiento, a la sensación que lo poseía, era el momento de preparar sus herramientas para enfrentarse al ultimo asalto. Sus ojos permanecieron cerrados unos instantes mientras asimilaba la mezcla entre la fuerza en su mano y aquella sensación de libertad.

—Gracias por tu ayuda Leo, hoy te doy mi palabra que nunca olvidare esto que estas haciendo por mi... Por cierto, me pasó algo curioso esta semana, hubo un cliente que en su agradecimiento por... Bueno... (Carlos no quiso rememorar aquel momento por no hacerle perder mas el tiempo a su amigo). —Unos consejos que le di, basados en lo que tu siempre me dices, (ambos Sonrieron), el caso es que me dijo que lo llamara esta semana, ya que quería hablar conmigo, y lo voy a hacer tengo curiosidad por saber que quiere de mi.

—Claro que si, no lo dudes, quien sabe lo que puede pasar... (Le respondió con ironía), Pero recuerda tu objetivo. La vida, el ego, la duda, intentaran alojarte falsas necesidades mediante circunstancias atractivas para ti, pero simplemente son las proyecciones de los demás en el universo en que estas, ya que todo esta conectado Carlos, intentaran separarte de tu meta. Porque seguramente acabaras ocupando un hueco, que ellos quieren.

—Vale Leo... (Su voz se silencio unos segundos, mientras su compañero permanecía a la espera, sabia que tenia algo mas que añadir). —De hecho, hoy como cada domingo voy a comer con mi familia, voy a hacer publica mi decisión.

—¿Estas seguro?. (La mirada era desafiante, Carlos se sentía amenazado por aquel hombre, por esa pregunta, sabia que la respuesta que le diera, seria un contrato verbal).

—Si. (El tono rotundo, seco de la respuesta sello aquel compromiso). —Te doy mi palabra de honor, que hoy será mi familia, pero mañana... Será mi empresa. (Apretó su puño fuertemente reclamando la sensación de fuerza y coraje que "programo" a este gesto, el tan solo nombrar el tema le despertaba una sensación de temor que no le gustaba, pero había empezado la lucha).

—Muy bien. No esperaba menos de ti. Pero prepárate para escuchar todo tipo de opiniones, tanto buenas como malas, recuerda todas nuestras conversaciones, todo el sufrimiento que cargas sobre ti, pero ahora es el momento que demuestres tu valía.

El silencio contemplaba aquella situación, a pesar de no tener rumbo siguieron caminando unos pasos mas, a su alrededor las personas paseaban, los coches se deslazaban todo desprendía tranquilidad.

—Leo, voy a marcharme ya... Por primera vez en mucho tiempo tengo gana de llegar, y poder decirles a todos lo que voy a hacer. (Se sentía orgulloso, aun ni siquiera sabia como lo presentaría, pero hoy seria diferente).

—De acuerdo Carlos. Ahora es tu momento. Cuídate.

—El domingo nos vemos. ¿De acuerdo?. (Carlos necesitaba que le confirmara su próxima cita).

—Si, el domingo nos vemos.... Dale recuerdos a Raquel, y por supuesto a las princesas de la casa, Sandra y Lidia.

El guiño del ojo izquierdo de Leo, provoco que Carlos esbozara una ligera sonrisa, que rápidamente se volvió un gesto serio ya que intentaba recordar en que momento había nombrado los nombres de su familia, por mas que se esforzaba no consiguió recordar en que momento las menciono. Pero estaba claro que tenia que habérselo dicho sino, ¿cómo lo sabia?.

Mientras veía como su amigo se aleja una vez mas, desconocía que destino llevaba pero eso ahora no era importante. Era el momento de volver a casa recoger a la familia, y empezar a disfrutar de su nueva vida.

El camino de vuelta a casa fue casi instintivo, su cuerpo se desplazaba solo por aquellas calles, por las que antes hace un instante las recorría con su gran amigo Leo, absorto en sus pensamientos, reflexionando sobre cada palabra de aquella charla, por fin estaba frente a la puerta de su casa.

—Nena, ya estoy aquí, ¿nos vamos?. (Dijo a modo de presentación, mientras dejaba que se cerrara la puerta tras de si).

—¡Claro que nos vamos!. Te estamos esperando ya un buen rato... Yo no se donde te metes, pero todos los domingos igual Carlos, siempre tenemos que llegar los últimos.

—Vale nena ya lo se. (Carlos notaba el tono arisco de su mujer).

—Es que sabes que es el único día que tengo y... no se... pierdo la noción del tiempo. (Sabia que la vagueza de su excusa no era bastante para justificar su tardanza).

—Venga vamos niñas, ¿estáis preparadas?.

—Si Papa. (Ambas contestaron al unísono).

Ya por fin se encontraban de camino hacia el punto de reunión familiar, pero debido a la densidad del trafico, notaba como su mujer intentaba abordar temas de conversación para amenizar el viaje, pero Carlos no podía permitirse el lujo de variar sus pensamientos, nadie sabia lo que pasaría cuando llegasen, pero el si, lo tenia que hacer, y estaba aprovechando estos momentos para mentalmente visualizar el evento. Por lo que decidió subir el volumen de la música para de esa manera evitar mas interrupciones.

Aun no había parado totalmente el coche, cuando las niñas se estaban bajando para ir corriendo a abrazarse a su abuela, gesto que a Carlos le emociono.

—¡Abuelaaaaaa!, (gritaban mientras se abrazaban a ella).

—¡Hola princesas!. (Contesto mientras las envolvía con sus brazos). —No me apretéis mucho que la abuela esta viejita ya... (Dijo con tono burlón).

—Bueno hijas dejarme que le de un beso a la abuela, (Raquel se aproximaba para ella también poder saludarla).

Carlos esperó paciente a que todos terminaran de saludar a la abuela, ya que era la que había salido a esperarlos. Mientras saludaban a los demás, Carlos se encontraba frente a frente con su madre, era el momento.

—Hola Mama. ¿Cómo estas?.

Inmediatamente se abalanzo sobre ella para abrazarla.

—¿Te pasa algo hijo?. (La reacción de Carlos le sorprendió, sabia que todo no era como siempre).

—Tengo que hablar contigo mama.

—¿Pero es malo?. (Debido al gesto de preocupación que mostraba, su hijo se apresuro en contestar).

—No no, que va. Es muy bueno, tu tranquila.

—A vale, me habías asustado. Bueno pues entonces si quieres ahora me cuentas es que han venido unos amigos y quiero que los conozcas.

—De acuerdo Mama.

No estaba muy satisfecho con la reacción, ya que hoy precisamente este día, era muy importantes para él, pero supuso que no le robarían mucho tiempo estos nuevos amigos que estaba a punto de conocer.

Las niñas ya estaban corriendo en busca de sus amistades, Carlos andaba lentamente hacia donde y aun sin verlo, sabia que estaría su familia sentada alrededor de aquella mesa grande de plástico refugiados debajo de unas lonas que hacían el efecto de techo.

—Buenos diaaas... (Se presento Carlos posicionándose delante de todos, lo que ocasiono una respuesta común por parte de ellos, que inmediatamente se levantaron y avanzaron hacia él para darle la bienvenida. Entre besos y estrechamientos de manos de sus familiares, llego el momento de la presentación de aquellas dos personas.

—Carlos, te presento a Miguel y Laura. (Dijo su hermana con gran entusiasmo).

—Hola ¿qué tal?. (Con tono simpático procedió primero a saludar al chico que se situaba frente a él, estrechándole la mano, que tras un fuerte apretón se separaron).

— Bien gracias. Yo soy Miguel.

Debido a la gran altura del chico, y a pesar de su corta barba parecía bastante joven, Carlos tuvo que levantar un poco su cabeza para poder mirarlo a la cara, los acontecimientos que estaban transcurriendo, le despertaron cierta curiosidad, aquellos amigos de su familia parecían muy diferentes, por lo que por unos instantes intento pensar que tipo de relación les unía.

—Hola soy Carlos. (La presentación a la mujer estaba dando lugar, a diferencia que con el muchacho, en esta ocasión tuvo que inclinarse hacia abajo, ya que ella era de menor altura, y que a pesar de su rostro terso y cuidado aparentaba una gran diferencia de edad respecto a su acompañante.

—Encantada, yo soy Laura. (La mujer poso su mano derecha sobre el hombro de Carlos, casi como si quisiera impulsarse para poder dar los dos besos típicos de presentación).

La situación cada vez se volvía mas extraña. La pareja permanecía de pie formando un triangulo perfecto con Carlos, que se percato como ambos le miraban fijamente, quizás esperando que dijese algo, o eran ellos los que querían hablar con él. No estaba seguro pero por algún motivo, no se sintió incomodo.

En su cabeza empezó a martillear la noticia que tenia que comunicar a sus familiares, aquel pensamiento empujaba hacia fuera como un feto que decide que ha llegado el momento de ver la luz, pero no le pareció el momento correcto, por lo que pensó que mejor esperar a tener un poco mas de intimidad. Ya que ese tema, era consciente de que traería polémica.

—Bueno, ¿nos sentamos?.

Tomando Carlos la iniciativa arrastro una de aquellas sillas de plástico hacia atrás, distanciándola unos centímetros de la mesa para poder hacer uso de ella. Los demás procedieron de la misma manera. Tras una breve recolocación del personal, todos permanecían sentados, desde cualquier asiento eran visibles los rostros de las demás personas, la escena era semejante a una reunión de empresa.

El silencio que mantuvieron durante unos segundos, fue interrumpido por la hermana de Carlos, que quiso hacer una pequeña introducción, realmente se trataba de una reunión improvisada.

—¿Os importa que sigamos que sigamos hablando delante de ellos?, (Mientras con la mirada señalaba a Carlos y a su mujer.

—No, no, en absoluto. (Contesto la mujer, mientras el chico ratificaba con la misma respuesta).

—¿Hay algún problema?. (Pregunto Carlos con tono serio, se encontraba un poco desconcertado).

El rostro liso y agradable de aquella mujer se torno serio y tenso, parece ser que iban a abordar un tema que le causaba incomodidad.

—Carlos, se que quizás te sonara extraño y soy consciente de que no nos conoces, pero tu familia nos a hablado muy bien de ti, y debido a la situación en la que nos encontramos cualquier ayuda nos vendría bien.

—Si claro Laura, no te preocupes. (Quizás la respuestas no era la esperada pero tanto secretismo le estaba poniendo nervioso, necesitaba saber de que trataba el tema).

El resto de los presentes permanecieron en silencio, todos expectantes del desenlace de aquella mujer, por lo que Carlos sintió que todo el peso caía sobre él.

—Miguel y yo somos pareja. (Las palabras de Laura sonaron tímidas, el chico le mostraba su apoyo apretando con fuerza la mano de ella. Percatándose de el mal momento que estaba pasando ambos, ya podía imaginar de que trataba el asunto, por lo que no quiso alargar mas su sufrimiento mostrando su apoyo a la relación).

—Me parece fantástico. (Una gran sonrisa acompaño su contestación). —¿Pero que es lo que pasa?, (podía suponer que el problema era la diferencia de edad en primer lugar y quizás alguna circunstancia mas, pero decidió no anticiparse, y seguir escuchando, por supuesto conocía a alguien que podría aportar luz sobre esta oscuridad, pero su amigo Leo, no estaba presente, por lo que decidió asumir su papel).

—Pues... (Se creo un incomodo silencio). —Tengo veintidós años mas que él. (A pesar de que ella hizo una pausa con la intención de que su oyente interviniera,

Carlos no lo hizo, ya que empezó a tomar conciencia del problema, y quiso dar a entender, con su actitud, que ese motivo no era una dificultad, por lo que siguió escuchando pacientemente).

—Llevamos seis meses juntos. (De nuevo otra pausa, pero recibió silencio por respuesta, era curioso lo que estaba pasando, ya que ella estaba claro que reclamaba la intervención de él, no esperaba la reacción que estaban teniendo sus palabras, seguramente ni siquiera pensó de tener que dar mas explicaciones, por lo que Carlos decidió intervenir y seguir con su estrategia.

—¿Pero donde esta el problema?. (Pregunto Carlos con tono firme).

En el ambiente se notaba como la tensión aminoraba, los rostros de aquella pareja sonreían mientras se miraban fijamente, por fin se sentían entendidos, y reforzaba tantas conversaciones que seguramente habían tenido antes apoyándose mutuamente, pero ahora, un extraño también estaba de su parte.

—El problema está... En que las familias no lo saben... Y tenemos que andar a escondidas, huyendo de los lugares transitados por si nos ven. Y ya estamos artos de tener que estar así. (La respuesta vino por parte de Miguel, por lo que daba la sensación de que la familia problemática era la suya, ya que el era el joven).

—Pero hemos hablado que en Navidad lo vamos a decir, y ya que pase lo que tenga que pasar... (Laura interrumpió las palabras del chico aportando a su parecer una solución al evento). También te digo que se que su madre no se lo va a tomar bien, ya que yo lo conocí a él, a través de mi amistad con ella.

—Ya... (Automáticamente Carlos se dio cuenta de la verdadera dificultad de la situación, ya que unos días atrás él había hecho lo mismo, alargar el momento de tomar una decisión, y aun estaba por llegar lo peor, que era anunciarlo en su trabajo y a su familia, por lo que entendía perfectamente por lo que estaba pasando aquella pareja. El momento justo de intervenir era ahora, ya no valdrían estrategias, por lo que decidió añadió algo mas a su escueta respuesta anterior).

—Había una vez un granjero que tenia solo dos animales, (Carlos dedico a todos sus palabras, aquellas caras compartían el mismo gesto de sorpresa, ya que no entendían aun que pretendía decir con esto, pero a pesar de todo permanecieron expectantes). —Uno se llamaba tiempo, y el otro sueño. (Su sonrisa fue contagiosa, ya que de forma automática, todos le acompañaron el gesto, pero solo él sabia la conclusión de su historia), —Debido a la falta de lluvia en aquella aldea ese año, el granjero no obtuvo la cosecha que esperaba, por lo que sus ingresos se vieron gravemente reducidos. Incapaz de mantener los gastos que le causaba el mantenimiento de sus bestias, tomo la dura decisión tras mucho tiempo de reflexión, llego a la conclusión, de que solo tenia dos opciones, una de ellas era sacrificar a uno de sus animales, y la otra que compartieran la comida y agua de uno, entre los dos.

—¿A donde quieres ir a parar?

La madre de Carlos le interrumpió violentamente, en representación de todos los que estaban allí.

—Espera Mama...(Carlos continuo hablando).

—Decidió que seria mas productivo intentar mantener a las dos bestias con vida, así que la ración de uno, ahora tendrían que compartirla. Los días pasaban y el granjero diariamente los revisaba, percatándose así, de que Sueño cada vez mostraba mas síntomas de escualidez, mientras que Tiempo se mantenía igual. El hombre se dio cuenta de que esto estaba siendo un problema, ya que si seguía así Sueño moriría, y por supuesto una parte de el se iría con ese animal, ya que siempre fue su favorito.

—Ahora estoy intrigada yo... (Dijo sonriente Raquel).

La tensión que ocasiono el inicio de la conversación se estaba disipando, sin respuesta por parte de su marido siguió con su historia.

—Los días pasaban y el granjero seguía haciendo lo mismo, partía la ración que anteriormente era individual en dos, intentando así pasar el difícil año que le esperaba. Un día, y antes de abrir totalmente las puertas de su granero, ya podía ver al fondo como uno de sus animales permanecía tumbado en el suelo, inmóvil, sin vida. Rápidamente corrió hacia él, pidiendo mentalmente que por favor no fuese Sueño aquella victima, pero inevitablemente fue así, Solo Tiempo permanecía en pie, el granjero arrodillado junto al él, lloro desconsolado a lo largo de toda aquélla mañana. Mientras se encontraba en aquella posición, pensó que si él se hubiese quitado de su comida podría haberlo salvado, ya se le ocurrían muchas opciones que en su momento no fue así, pero ya no tenia solución, ya era demasiado tarde. Sueño había fallecido. El animal fue enterrado detrás de la casa del granjero y cada día, él iba decirle lo mucho que lo recordaba. El corazón de aquel granjero cada vez que el hacia este ritual, sufría un tremendo golpe, hasta que un día posando sus manos sobre la tierra que cubría el cuerpo de su bestia, su corazón se paro. Por supuesto y a petición de el mismo fue enterrado con su animal... Sueño.

Todos los presentes estaban en silencio, Carlos no sabia si era por que estaban analizando la conclusión de la historia, o porque pensaban que seguiría hablando, por lo que decidió salir de dudas:

—¿Lo entendéis?. (No se le ocurrió otra forma de sacarlos del trance, pero así anunciaba oficialmente el final del cuento).

—Es que me parece muy triste... (La hermana de Carlos rompió el silencio).

—Si, es triste... Pero es real.(Su hermano le ratifico) —Las personas hacemos lo mismo, pretendemos mantener con "vida" nuestros "objetivos", pero alimentándolos con las sobras de lo que resta de lo demás. Siempre dejando en segundo plano nuestras metas, eso que nos hace felices, y como en el caso del granjero, que tuvo que tomar una decisión, y aunque parezca que no, lo mas cómodo era intentar mantener a los dos animales, pero eso... es imposible.

Una vez que dio la explicación correspondiente a lo que había contado, dirigió su mirada directamente hacia aquella pareja que aun permanecían unidos por sus manos.

—Con esto lo que pretendo deciros, es que por mucho que alarguéis dar el paso, en algún momento tendréis que hacerlo pero... (Hizo una pausa con la intención de acentuar mas las siguientes palabras). —Cada día, al igual que el granjero, por mas que intentes cuidar tu objetivo, al final lo perderás, si no le prestas la atención que requiere. Por desgracia y a veces por suerte, el tiempo no para, pero cada avance que hace si no estáis posicionados en el lugar correcto, no os beneficiara, (La pareja asentía con la cabeza, dando la razón a aquellas palabras). —Cada día que pasa tenéis sobre vosotros el peso de tomar la decisión, por lo que bajo esta presión no os permitís disfrutar de lo demás acontecimientos, y lo que tendría que ser bonito, cosas tan simples como pasear, besaros, cogeros de la mano, lo que sea, esta resultando un sufrimiento, lo único que esta haciendo es cargando sobre vuestra relación, malas vibraciones, lo que desprende y lo que atrae esta situación es eso, lo que le estáis aportando. Si vosotros mismos no sois capaces de luchar por lo vuestro, no pretenderéis que los demás si lo hagan o convencerlos de que os acepten. Si yo estoy totalmente seguro de que lo que estoy haciendo no esta mal. ¿Por que tengo que esconderme?. (El tono de Carlos había subido, casi se mostraba enfadado).

—Tienes mucha razón. (Miguel tomo la iniciativa de enfrentarse a aquellas palabras que estaban haciendo mella en ellos).

—¿Carlos?. (El tono de voz de Laura al nombrarle detonaba el dolor de la pregunta que acontecía), —Pero es que tu lo ves muy fácil, pero yo se los problemas que le va a ocasionar en su casa en el momento que lo anuncie a su familia, porque si alguien conoce a su madre bien... Soy yo, antes erramos amigas, por eso le conocí.

La mujer interrumpió sus palabras ya que intentaba tragar una bola de lagrimas que desde el pecho intentaban llegar a sus ojos, pero su garganta fue capaz de volverlas abajo, no permitiendo que se hicieran visibles.

Carlos quiso interrumpir este proceso por lo que intervino rápidamente:

—Mira Laura, te voy a decir algo mas, seguro que piensas que la gente tiene razón... Que son ciertos los comentarios que habrás oído del tipo, "una relación en la cual hay una gran diferencia de edad no puede funcionar, es por interés, no esta bien visto, no encaja socialmente, o estas aprovechando tu experiencia sexual para retenerlo, etc...", ¿Cierto?. (Por supuesto Carlos no esperaba respuesta a su pregunta), —Pero mas allá de todo esto, esta el momento en que él, en este caso, anuncie la relación contigo, somos conscientes que la

168

carga caerá sobre el muchacho, y por supuesto la culpa la asumirás tu, ya que tu te consideras el factor causante de su malestar, por tu edad o tu situación. (Las miradas permanecían fijamente clavadas en Carlos, en ningún momento nadie de su entorno lo había escuchado expresarse así).

—¿Tienes hijos?. (La pregunta creo una expectación total).

—Si, tengo dos hijas... (Su mirada ya no apuntaba a los suyos, ahora reposaba sobre el suelo).

—Mira que casualidad. (La carcajada de Carlos retomo la atención de su mirada otra vez). —Yo también... ¿Y sabes que?, He tomado la decisión de arrastrarlas conmigo a mi sueño, a mi lucha por conseguir lo que quiero. (Tras unos instante de silencio, y con tono firme anuncio su decisión):

—VOY A DESPEDIRME DE MI TRABAJO, PARA LUCHAR POR LO QUE QUIERO.

Su cabeza seguía erguida, firme, su gesto era el de un guerrero que anuncia el comienzo de una batalla, no mostraba ningún ápice de debilidad, estaba preparado para todas las criticas que recibiera, pero nada lo haría cambiar de idea. Esta vez no.

La verdad que la intención de Carlos no era anunciarlo así, en sus proyección mentales lo había imaginado en otro escenario, pero estaba preparado, la noticia necesitaba salir a la luz. Rápidamente su mirada repasaba todos los gestos de aquellas personas que permanecían a su alrededor, le llamo la atención que de todas las caras que mantenían un gesto de sorpresa, tan solo en la de su mujer había una discreta sonrisa dibujada. La mezcla de sensaciones le permitía tener una imagen clara de la repercusión de sus palabras, pero las preguntas no se hicieron esperar mucho:

—¿Carlos que dices?. (El asombro del anuncio precipito la pregunta).

—Si Mama.

—Pero hijo...

La seguridad de las palabras de él hundieron en un profundo silencio todas las intenciones de pedirle alguna explicación.

—Bueno pero ahora estamos tratando otro tema, luego hablamos sobre lo mío.

Carlos quiso esperar unos segundos sin hablar, estaba experimentando una sensación desconocida para él, se sentía mas fuerte, mas seguro de el mismo. Se sentía capaz, y mas cerca de su objetivo, ya que había iniciado su viaje hacia su destino. Al dirigir su mirada hacia aquella pareja, percibió como en sus gestos, mostraban la aprobación de su acción, ya que se sentían totalmente identificados con el evento. Carlos retomo la conversación como si en ningún momento hubiese sido interrumpida:

—¿Y que tal tus hijas?. ¿Ellas que opinan?.

—Pues como están muy influidas por lo que oyen de los demás, pues tampoco lo llevan muy bien. De hecho últimamente discutimos mucho, hay veces que me faltan al respeto, o incluso a él. (Con su mirada señalo al joven que permanecía a su lado). —Y... A veces me hacen dudar a mi también. (De nuevo su mirada bajaba).

—¿Has intentado hablar con ellas?.

—Si. (La respuesta fue rotunda). —Pero a mi me dicen que les parece bien, que si es lo que me hace feliz, que siga adelante. Por eso es que no se lo que realmente piensan, cambian de opinión de un día a otro.

—Los hijos... (Continuo Carlos), —Solo cumplen con su finalidad Laura, rectificar los errores de los padres.

Ante el desconcierto que había creado esta ultima afirmación quiso aclarar un poco mas este punto.

—Nuestros hijos, guardan en sus subconscientes nuestros miedos, nuestros éxitos, y sobre todo, aquello que no nos atrevimos o no nos permitieron hacer. Por eso, en este caso tus hijas tienen variaciones de emoción, pero párate a pensar sobre tu estado, ¿Como te encuentras?. (Carlos paro su explicación). —Pues así es como están ellas. Pero claro, las circunstancias no te dejan estar de otra manera, debido a la carga negativa emocional que arrastras con referencia a este tema, pero ellas, solo están manifestando todo lo que tu no te atreves a decir, pero en tu interior es lo que estas pensando.

Carlos no quiso hondar mas en detalles, no necesitaba saber que tipos de rechazos estaban recibiendo por parte de sus descendientes, no lo considero necesario. Pero lo que si tenia claro, era la oscuridad en la que estaba viviendo aquella mujer. Ya que el mismo, hasta unos instantes se encontraba en una situación parecida.

—Es mas, ellas son conscientes de las dificultades que se están desarrollando a su alrededor, en su modelo de vida. ¿Como crees repercutirá en ellas tu resolución?, pero no solo en tus hijas, si no en todo tu entorno, en tu vida, en tu universo, demuestra al mundo que si que se puede, y serás un ejemplo para el mundo.

La mujer intento responder a la pregunta que se le había hecho, pero Carlos la volvió a interrumpir.

—Mejor dicho, ¿crees que no influirá en su futura toma de decisiones?, andan por que te vieron andar, hablan por que te escucharon hablar, y por supuesto...

Hizo una ligera pausa, pero pronto retomo sus palabras y casi lo que se consideraría un grito debido a su alto tono de voz a la vez que firme añadió:

—¡SE RENDIRAN SI TU TE RINDES!.

El silencio ahora era el protagonista de aquella escena, ninguno de los presentes se sentía capaz de rebatir estas palabras. Ya nadie tenia presente si aquel hombre que hablaba había abandonado su trabajo, de como mantendría a su familia, si las facturas quedarían sin pagar, o de las dificultades que se encontraría en su nuevo proceso, había despertado en cada uno de ellos la visión de lo verdaderamente importante en la vida. "La lucha hacia lo que se desea."

La espalda de Carlos que permanecía inclinada hacia delante, por lo que la dejo descansar sobre el respaldo de aquella silla de plástico duro, un tanto estropeada por los continuos ataques climatológicos que soportaba. Se sentía bien, las palabras que el mismo le dedicaba a esos extraños, curiosamente estaban sellando las pequeñas fisuras que se habían creado en el momento que tomo su decisión. Pero al parecer algo mas estaba cambiando dentro de él.

—Leo hubiese hablado así... (Pensó Carlos satisfecho).

Quiso seguir hablando sobre el tema, quería tener la certeza de que habían tomado consciencia del problema y que serian capaces de no dejarse arrastrar por lo que socialmente es adecuado o tópicos del estilo. Pero pronto se percato de que no era necesario seguir en esa línea.

—Carlos. (Miguel reclamo su atención, y acompañado de un serio tono de voz, dijo):

—Voy a dar el Paso. (Dijo con un brillo en sus ojos, su gesto demostraba su determinación).

Automáticamente su pareja giro la cabeza hacia él, sintiendo la necesidad de sujetar aquella decisión, pero era inquebrantable, en los ojos de aquel joven se mostraban la furia que durante ese tiempo lo había mantenido encogido, viendo como su problema se hacia mas monstruoso frente a él, pero en esta ocasión, lo utilizaría para demostrar que era capaz de vencerlo.

Mientras el chico anunciaba su decisión, la mirada de ella permanecía clavada en la suya, deslizando una leve lagrima en manifestación de orgullo y apoyo incondicional hacia su hombre. Ambos aguardaron en silencio, ya estaba todo dicho. Mentalmente, y a través de sus miradas la pareja se estaban declarando su mutuo amor. Que pese a las dificultades seria para siempre. Finalizaron su conversación en silencio, sellado con un beso. Declarando así el inicio de la lucha.

Carlos era consciente de la dificultad que le supondría dar el paso por lo que quiso guiarle en su preparación al futuro evento:

—Me alegro mucho de tu decisión, de verdad. (Dijo Carlos con orgullo).

—Se que no va a ser fácil, pero es el momento de derribar los muros que te retienen.

—Correcto, y por supuesto se que no va a ser fácil, pero tu dispones de una ventaja que los demás no.

—Carlos... ¿A que te refieres?. (El joven no entendió a que se refería).

—A que tu ya tienes claro lo que vas a hacer, cual es el final, que en este caso es hacer publica tu relación con ella. Por lo que en tu mente, tienes que crearlo. (El chico mostró la intención de intervenir, pero Carlos no lo permitió, no cesando en sus palabras). —Si mentalmente puedes imaginarlo, cuando el momento este sucediendo estarás preparado para afrontarlo, alguien me dijo una vez "el cerebro no sabe diferenciar lo real de lo imaginado", y esa es tu ventaja, que la tensión que te cause, tu cuerpo ya la habrá canalizado, y cuando sea real, no reaccionara inducido por un estado de alerta, lo que te permitirá manejar de una forma correcta la situación. Pero por supuesto, nada de pensamientos mediocres, imagina la situación lo mas detallada posible, hasta el mas mínimo detalle, siente como la conversación finaliza a tu favor.

El silencio de aquel chico demostraba como intentaba recordar todos estos pasos, era consciente de que le ayudarían en su momento.

—Laura, y a ti te diré algo mas, ya que se que te va a pasar.

La mujer soltó la mano de aquel chico para inclinarse hacia delante, prestando su máxima atención a Carlos.

—Tu no eres la culpable de lo que sucederá a continuación.

Carlos dejo caer la frase sin contemplaciones, sin mas explicaciones, ambos sabían a que se refería con esto.

—Es en lo que estaba pensando... Por una parte me siento muy orgullosa de poner fin a este infierno de escondites, a la falta de libertad, que estamos viviendo, pero por otra parte se que a él le va a ocasionar problemas en casa, muchas tensiones, no se...

—Te entiendo, pero nadie lo esta obligando a que haga nada que no quiere hacer, incluso te diré, que es necesario que actúe así, porque esta situación es solo el reflejo de cómo resolverá en su vida los futuros acontecimientos que le sucedan, las cosas nunca pasan sin sentido Laura, todo esta conectado, y ahora, a Miguel el universo le brinda la posibilidad de tomar el control de su vida, de decidir por el mismo que va a pasar en su mundo. Las personas necesitan tomar decisiones importantes, guiar el rumbo a sus metas, y su momento es ahora. No en navidad ni dentro de un mes. Hoy y Ahora. Su evolución personal tiene que dar comienzo.

Tras sus ultimas palabras se percato de que no había prestado atención al resto de familiares que permanecían allí, siendo oyentes de aquella conversación. Pero no había ninguna novedad, a pesar de que había anunciado su decisión también, a nadie parecía importarle, incluso se detuvo unos segundos en mirar fijamente a su madre, ya que si alguien tenia algo de decir al respecto, era ella. Pero permanecía impasible, extremadamente tranquila, sus ojos rodeados de aquella piel de tonalidad blanqueada consecuencia del vitíligo que padecía, expresaban felicidad, lo que le creó cierto desconcierto, ya que asumía que era por la decisión tomada por sus amistades, aunque en una pequeña posibilidad llego a pensar que podría deberse a su decisión de cambio.

El tiempo había hecho una pausa, nadie prestaba atención al reloj, las mentes estaban inversas por completo en el esfuerzo de asimilar la conversación. Era consciente de que en este caso concreto, y aunque sus palabras fuesen dedicadas en primer lugar a aquella pareja, sabia que en los demás e incluso en él mismo también había tenido repercusión, ya que todas las personas en algún momento de su vida, se encuentran en una situación que contiene la misma esencia que este caso, en otro ámbito, con otros personajes, circunstancias diferentes, pero siempre el mismo factor común, enfrentar una toma de decisiones. A pesar de que casi se escuchaba el sonido de su ultima palabra, y dado que nadie objetaba nada al respecto, era el momento de ser el mismo el protagonista del siguiente acontecimiento:

—Bueno... (Dijo con tono tímido), — Y sobre lo mío, pues quería anunciaros que voy a dejar mi trabajo. (Hizo una pausa invitando a los demás que empezaran con sus reproches, pero le resulto muy curioso cuando en vez de eso recibió otra respuesta):

—¿A pasado algo?.

—No mama. (Como era de esperar, su madre seria la portavoz de todos ellos). —No ha pasado nada, bueno si a pasado en realidad.

Todos permanecían atentos, los gestos en sus caras eran diferentes, pero en ninguno se reflejaba la desaprobación.

—Mi sitio no esta allí. Ya no puedo permitir por mas tiempo hacer algo que no quiero hacer, no puedo luchar mas contra mi mismo. Y he decidido recuperar todo el tiempo perdido voy a empezar el camino hacia mi sueño Mama, voy a entregarle todo lo que tengo, y si fracaso... (Sus ojos brillaban al decir esto, pero no por las lagrimas, si no por la pasión que sentía cuando tan solo se escuchaba hablar sobre ello). —Si fracaso, al menos lo habré intentado, y para mi, eso ya lo considerare un éxito total.

La atención de todos ahora estaba totalmente volcada sobre Carlos otra vez, pero nadie decía nada, incluso su madre se mantuvo en silencio hasta que dijo:

—Carlos, antes de que me digas sobre que trata tu sueño, o a donde quieres llegar, quiero que sepas algo.

Ahora el sorprendido era él, desconocía si la razón de que no estuviese pasando lo que el pensó, era consecuencia de su explicación anterior, o que realmente era lo que pensaba de verdad, pero esto no le estaba pareciendo una pedida de explicaciones, ni un intentar hacerle olvidar su decisión, al contrario, tenia la sensación de que su "locura" iba a ser respetada y apoyada.

— Mira hijo, mi vida ha sido muy difícil y tu lo sabes... (Las mandíbulas de aquella mujer se apretaron, muestra de la furia que sentía al recordar esa fase de vida). — Nunca me han permitido ser quien he querido ser, en muy pocas ocasiones he podido controlar mi vida, siempre han intentado influenciarme y yo... Culpa mía lo reconozco, que he permitido dejarme llevar por los demás, pero era mas joven y... A mi me gustaba mucho la costura, pero tan solo me permitieron asistir a unas pocas clases que me ofrecieron de manera gratuita, por que tenia que ejercer el papel de madre y cuidar de mis hermanos que a pesar de ser yo la hermana mayor, seguía siendo una niña.

—Lo se mama, tranquila. (Carlos intento calmar a su madre, sabia que le estaba costando expresarse de aquella manera).

—Pero a día de hoy, si pudiese volver atrás cosa que es imposible, seria imparable hijo, seria una Leyenda.

—Yo no puedo volver atrás lógicamente, pero ahora estas tú, que eres parte de mi, por lo que si en algún momento pensabas que no te iba a apoyar, te has equivocado, te lo respeto, te apoyo, y pase lo que pase, lucha hasta el final, toma la decisión que quieras, hazlo como quieras, pero una vez que empieces... (Con tono firme, casi agresivo, añadió), ¡termina lo que decidas empezar!, ¡NO TE RINDAS NUNCA!.

Inevitablemente Carlos se levanto enérgicamente, Conmovido por las palabras de su madre que habían sido totalmente inesperadas para él, y corrió a abrazarla. El hombro donde apoyaba su cabeza estaba empezando a humedecerse por las lagrimas que desprendían sus ojos. Se juro a el mismo y a todos, que hasta el ultimo aliento lucharía por conseguir aquello que se propusiera.

—¿Mama?, ¿por qué me dices esto?. (Sus palabras se ahogaban en los estragos de sus lagrimas).

—No hijo, no solo yo te digo esto... Hablo por boca de todos los que estamos aquí. (La madre giro su cabeza para dar paso a los demás, y que ratificaran lo que ella estaba diciendo).

—¡Por supuesto que si!, ¡espalda con espalda! ¿te acuerdas?. (La mujer de Carlos no podía mantener mas el silencio por lo que casi a voz de grito tuvo que intervenir, y a continuación todos los presentes hicieron lo mismo).

—¡Estamos contigo Carlos!.

—Pase lo que pase estaremos aquí.

—Lucha por lo que quieres.

— Te lo mereces.

Escuchaba tantos comentarios que en el estado que se encontraba, le era imposible reconocer de quien procedían cada uno, pero lo que si tenia claro es que ahora mas que nunca, era el momento. Tras limpiar su cara de aquella humedad he intentar mantener un semblante tranquilo, regreso a su silla, quería añadir algo mas y de esta forma dar por finalizada la noticia:

—Pues a partir de mañana que lo voy a hacer oficial en mi empresa, se acabo. La verdad que no se como voy a pagar la facturas... (Dijo con ironía).

—Yo tampoco, (Añadió Raquel), ¿Pero quien te va a pagar la sensación de que no te hayas atrevido al menos intentar cumplir tu sueño?. A si que... Prefiero no pagar facturas.

La mirada de su marido permanecía fija en la suya, de nuevo una muda conversación estaba dando lugar allí.

—¿Pero Carlos?... No nos has dicho a que te quieres dedicar.

—Es cierto, pues... (Quiso alargar su momento de gloria todo lo posible). —Quiero ser escritor. (Dijo al fin).

Ya estaba todo dicho, por supuesto la aprobación era general, y dada la dirección de la conversación, todos revelaron lo que realmente les gustaría hacer antes del ultimo aliento, era curioso, ya que ninguno de ellos estaba ni siquiera en camino hacia sus deseos, pero cargaban con su sueño. Cosa que pronto eso cambiaria.

El día transcurrió en una perfecta armonía, a pesar de que habían pasado horas, aun se filtraban comentarios haciendo referencia a todas cosas que se habían hablado posteriormente. De una manera inevitable, el momento de partida llegó, cada cual tenia que abandonar aquel lugar en donde tanta emoción se había depositado. Siendo esto el entrenamiento, de lo que sabían que el instante en que lo abandonaran, cada cual empezaría su lucha personal. Pero debía de ser así.

Todos permanecían de pie, repartiendo besos y abrazos de despedida, Pero Miguel pregunto:

—¿Carlos?, ¿Cuando volveré a verte?. (La pregunta hizo que se detuviera un momento, ya que le era muy familiar, eso mismo él le preguntaba a su amigo Leo cada domingo en el mismo instante que ahora, la despedida, por lo que entendía perfectamente como se sentía el joven).

—El domingo que viene..., Misma hora, mismo sitio. (respondió).

—De acuerdo, ya te contare como ha ido.

La conversación y aquella reunión había terminado. Cada familia se dirigió hasta sus vehículos con intención de marchar, de igual modo, Carlos y su familia emprendieron el viaje de vuelta a su casa, las niñas desde la parte de atrás de coche, ajenas a todo lo que aquel día había sucedido seguían pidiendo que se subiera el volumen de la música, o preguntando si ahora podrían bajar un rato mas al parque, querían resolver con antelación todo lo que en su pequeño mundo, era importante para ellas, a lo que sus padres accedieron. Durante el viaje extrañamente no se escucho ninguna palabra de Carlos ni de su mujer, parecía que ya estaba todo dicho, pero la mano de Raquel, acariciaba la pierna de su marido intentando trasmitir la tranquilidad que sabia iba a necesitar. Aunque ambos tenían pensamientos para compartir, se encontraban poseídos por una tremenda sensación de paz, que merecía ser disfrutada en silencio.

Una vez en casa y ya adentrados de pleno en el ritmo normal de la convivencia, apartaron momentáneamente de sus cabezas el tema principal que les ocupaba casi toda su consciencia, para poder disfrutar de la compañía de sus hijas, en este momento sus atenciones eran para ellas.

Tras juegos y risas con ellas, la noche hizo su aparición, y tras el agotamiento de sus hijas, ambas decidieron abandonar el sofá donde los cuatro permanecían, para dirigirse a sus respectivos dormitorios. Creando así el momento intimo de sus padres.

—Nena...que buen día hoy ¿verdad?. (A Carlos no se le ocurrió otra forma de empezar la conversación).

—Vaya que si... (Raquel acompaño su respuesta de una cómplice sonrisa).

—Mañana empieza la cuenta atrás. (Afirmo Carlos con tono firme).

—Me parece muy bien, y lo sabes. Vamos a salir delante de una forma o de otra, tu tranquilo, en esta casa solo queremos que seas feliz nene, ya que tu felicidad nos contagia a nosotros, yo estoy muy orgullosa de ti... (Raquel mantuvo la mirada en su esposo, esperaba que recordara estas palabras para siempre).

—Lo se nena... (Carlos ya tenia todos los depósitos de motivación al máximo, mentalmente se sentía preparado, ahora era el momento de descansar, recuperar la fuerza que había perdido siendo victima de tantas emociones, pero antes de abandonar el día, quiso hacerse una promesa a el mismo. "Que nunca y pase lo que pase, olvidaría a los que le ayudaron, a aquellos que le apoyaron en su decisión". Y así, con este ultimo pensamiento sus ojos se cerraron para dar paso al tan esperado lunes.

El primer paso.

Aquel desayuno no se parecía a ninguno de los anteriores, normalmente luchaba contra una sensación de sueño, que esa mañana estaba pasando inadvertida, su estado de animo guardaba restos del día anterior, por lo que decidió mantener su mirada fija en algún objeto para intentar paliar sus emociones, y aquella blanca taza de café con esa estampación en negro, fue la victima, regalo que su amigo Manolo le hizo por uno de sus cumpleaños, y esto le hizo recordar una de las conversaciones que tuvieron muchos meses atrás, en la que ambos se decían, que algún día, "las cosas cambiarían..." Para Carlos, ese día era hoy. A pesar de que faltaba una larga hora para que diese lugar el comienzo de su jornada laboral, decidió marcharse, hoy por supuesto iría caminando, quería preparar un buen motivo justificativo dada su decisión, ya que era consciente de que desde ese momento, y hasta el ultimo día de su presencia allí, él seria el centro de atención.

Desde el bordillo donde descansaba la gran puerta metálica, Carlos sentado observaba a la multitud de gente, como andaban de un lado a otro, como los coches seguían su ruta establecida, incluso algunos comercios de alrededor abrían sus puertas, le dio la sensación que todo estaba perfectamente sincronizado, y de que todo el mundo hacia lo mismo todos los días, aquellas personas, los coches, todo, era lo que veía siempre, por lo que a él también lo veían así.

A lo lejos y en varias direcciones, empezó a ver como su compañeros iban llegando, uno tras otro hasta que la plantilla estuvo al completo, como de costumbre, los saludos, las sonrisas, y cada cual compartiendo con los demás su día anterior. Tan solo unos minutos restaban para poner fin a tanta alegría, ya era la hora de empezar.

—¿Cesar?.

—Dime Carlos

—¿Sabes donde esta Hugo?. (Como si una descarga eléctrica estuviese recorriendo sus manos, estas empezaron a temblar, pero no entendía porque, ya que esta escena,   formaba parte de su imaginación anteriormente).

—En el almacén, creo que ha ido a mirar unos precios. ¿Por qué?. ¿Pasa algo?.

—No que va, solo que quiero comentarle algo. (Sabia que preguntar por el encargado crearía un estado de alerta en todos los demás, ya que nadie conocía su verdadero motivo).

Con paso firme recorrió los escasos metros que separaban su posición de la del lugar donde supuestamente se encontraría con su encargado, y en ese momento, ya no habría marcha a tras.

La puerta de cristal permanecía entreabierta, a través de las roturas que tenia el papel que la tapaba, pudo ver que efectivamente Hugo estaba allí. Esto si era lo que el había imaginado previamente, los sonidos, las olores, la decoración, todo coincidía, sus manos dejaron de temblar.

—Hugo, ¿puedo hablar un momento contigo?. (Le pregunto con tono firme)

—Si claro, dime.

Era el momento de apretar su puño derecho. Ya que ese gesto, fue el que registró para de este modo reclamar la fuerza, y la sensación de paz que necesitaba, tan solo le bastaron una décimas de segundo para traer a su mente, a su mujer, su familia, sus amigos y por supuesto a su gran amigo Leo, ya que sin él, nada de esto estaría pasando. "Os lo dedico a todos vosotros", pensó Carlos en su cabeza, instantes antes de decir:

—Me despido. (Firme, conciso, le respondió).

La sensación de orgullo que sentía era indescriptible, ya lo había dicho, sintió ganas de gritar debido a la emoción que le estaba abordando en ese momento, pero tuvo muy costosamente que mantener la calma, su cuerpo se estremecía como si acabara de ser liberado, como si alguien le hubiese quitado aquella mochila tan pesada de su espalda, se sentía incluso mas ligero.

—Pero a ver... (Sus palabras eran la muestra de su sorpresa). ¿Has tenido algún problema con alguien?. (Pregunto refiriéndose al resto de los trabajadores).

—No, en absoluto, de hecho ellos son lo mejor que hay aquí. (Carlos estaba aun mas sorprendido que su encargado, ya que estaba enfrentándose al momento con una tranquilidad enorme, demostrando así que no era un mal momento ni un mal día, ya que de "esos" había tenido muchos y nunca había decidido esto).

—Pero entonces... ¿Que ha pasado?.

Aquel hombre al margen de la noticia, y de la repercusión que conllevaría este cambio, intentaba razonar el comportamiento de su empleado. Carlos siendo consciente de que tendría que exponer alguna causa, tenia un gran repertorio preparado, había pensado en culpar a algún miembro de su familia y a su enfermedad repentina, o que había encontrado otro trabajo el cual le ofrecían mejores condiciones, pero por algún motivo ajeno a él, la verdad salió a la luz:

—Voy a luchar por mi sueño. Y "esto", (refiriéndose a su trabajo actual), —Me estorba.

En la escena que Carlos había imaginado días atrás en su mente, ahora procedía el momento en la que su

184

encargado y responsable, comenzaba a gritarle pagando contra él la frustración que le estaba haciendo sentir, ya que a pesar de su formación en este campo laboral y debido a su extenso curriculum, él seguiría allí, mientras que del que menos se esperaba, plantado frente a el, contemplaba como daba el paso para crecer como persona. Pero estaba preparado.

—¿Es por el sueldo?, Podríamos hacer una excepción y aplicarte una subida.

—No Hugo. No te esfuerces. (Carlos a cada palabra demostraba mas seguridad, sus palabras eran sentencias para aquel hombre).

—Bueno... (Dijo el encargado bajando el tono de su voz), pues voy a comunicarle a tus jefes esto que me estas diciendo. Y bueno... (daba la sensación de que le estaba costando trabajo el vocalizar aquellas palabras, pero Carlos no entendía porque, ya que lo había visto hacer en muchas ocasiones, debido a las condiciones en general que se ofrecían allí, los trabajadores no solían durar mucho tiempo, pero nunca le había visto así, realmente no le parecía bien la idea).

—De acuerdo. Y por supuesto...(añadió Carlos ofreciendo su mano para un estrechamiento de despedida), gracias por todo.

—A sido un placer trabajar contigo. (Esa respuesta no estaba en ninguna de las que tenia preparadas a recibir por su parte).

—Por cierto... (Hugo noto que se estaba desviando de su papel de encargado por lo que rápidamente quiso reponerse y volver a asumirlo, no podía permitir que los demás lo vieran débil). —Desde hoy empiezan a contar tus últimos quince días, mientras que buscamos a alguien para tu puesto.

Las dos ultimas palabras retumbaron en los oídos de Carlos como una explosión, "Quince días", su puño instintivamente se volvió a cerrar, de nuevo su mente empezó a recordar todas las palabras de apoyo que había recibido, y que guardo para este momento. Tan solo tardo unos segundos en darse cuenta de que le estaba avisando su subconsciente, "la cuenta estaba mal hecha", no quedaban quince días, sino... ¡Ocho!.

Ahora si había tomado plena consciencia de lo que estaba pasando, recordó que una ocasión, en unos de esos días que estaba apunto de tirar la toalla, de rendirse, la única solución que encontró fue comenzar a imaginarse en que serian sus últimos quince para salir de allí, abandonar aquel lugar, por ese motivo su mente había reaccionado ahora, por que no quedaban quince, quedaban OCHO.

—Lo siento, pero no estaré quince días aquí. Me quedan ocho.

—¡Carlos!, (Su tono de voz mostraba su irritación), legalmente tienes que darnos quince días, en el convenio esta estipulado así. (Anticipándose a una respuesta de su empleado intento reprimirle su intención). —Ya que si te vas antes pierdes todos tus derechos. (Era un buen argumento para retenerlo pensó).

—¿Que derechos son esos?. (Pregunto Carlos con tono incrédulo).

—El finiquito, el pago de las vacaciones no disfrutadas, la parte proporcional de las extras, todo eso... (A cada motivo que daba intentando engordar así su razón para conseguir los quince días que le estaba pidiendo, le hacían coger mas seguridad en sus palabras, mientras que Carlos permanecía en silencio frente a él, a la espera de su turno para intervenir).

—TE LO REGALO. ¡TODO PARA VOSOTROS!.

Su voz ya no mantenía discreción alguna, se sentía como si ese hombre estuviese intentando comprar su sueño, su objetivo, y eso si le resultaba molesto.

—Te repito: "QUE ME QUEDAN OCHO DIAS...!, desde hoy". (Ni todo el dinero del mundo podría hacerle sentirle la sensación que se estaba apoderando de él).

—De acuerdo... ocho días,(no se sentía capaz de rebatirlo, la batalla estaba perdida). —Pero no esperes ningún tipo de recomendación por nuestra parte, para ningún sitio.

—Por supuesto que no, no te preocupes, estas haciendo lo correcto, se que tienes que actuar de este modo Hugo, se que te pagan para eso ¿verdad?. (La afirmación de Carlos golpeo con fuerza en su ego interno, destruyendo totalmente los argumentos del encargado, pero tenia algo mas que añadir). —Se que no es personal, se que si fuese por ti, si me prepararías mis papeles, y me darías lo que me corresponde, pero tu trabajo te obliga a ir en contra de ti mismo, y ha que tengas que hacer este tipo de cosas... Pero que te repito, que te estés tranquilo, que yo personalmente lo entiendo, y te lo respeto. (Hizo una leve pausa). —Pero dile a tu jefe que hoy "Carlos Nicolás" se ha despedido.

Ambos hombres permanecían plantados uno frente a otro, intercambiando miradas fijamente, en cada una de sus cabeza había un pensamiento diferente y una percepción aun mas distinta a pesar de ser el mismo evento, no estaba siendo asimilado de la misma forma, para uno era un pequeño éxito, un primer paso que le demostraba a el mismo, y a su subconsciente, que era capaz de hacerlo, mientras que para el otro, era un acto digno de envidia, pero prefirió enmascararlo como una locura.

El giro inesperado de Hugo dejo a Carlos solo de pie, ocupando el mismo lugar donde empezó la conversación, desde su posición veía la trayectoria que seguía su encargado, y por supuesto, no podía tener otro fin que dirigirse al mostrador donde su jefe hacia sus tareas. Tras la segunda vez que vio como tanto su superior como su encargado, tras unas pocas palabras lo miraban y volvían a retomar la conversación, Carlos decidió volver a sus tareas. No tenia nada que decir, ya tan solo quedaba esperar esos ocho días.

La mañana fue avanzando y se hacia extraño que ninguno de sus compañeros le preguntara nada, todos realizaban sus tareas en un sospechoso silencio, cabía la posibilidad de que no se hubiesen enterado del acontecimiento, pero al menos Cesar, que si sabia que había hablado con Hugo, tampoco le pregunto al respecto, pero estaba seguro que todo el personal ya estaba informado, ya que en aquella pequeña comunidad, si algo no existía, eran secretos. Pero algo si era diferente, se sentía continuamente observado, algo que encontró normal, incluso le vino bien, ya que se dio cuenta que tendría que acostumbrarse a esa sensación, seguramente el pensamiento común era de que era "una locura", que no debería haberse precipitado en tomar aquella decisión, o cualquier otra cosa, pero cuando uno sabe a donde va, el mundo se detiene para observarlo.

Carlos comenzó mentalmente su recuento de todos los momentos que había pasado entre aquellas paredes, tantas horas, tantos días, tantos meses, años, tantas cosas, aun no se creía que esta vez era cierto. La incertidumbre de no saber como seria su nueva vida, o como se desarrollarían las cosas desde este momento, le asustaba un poco, pero se sentía muy orgulloso por su actuación. Ya que si todo el mundo luchara por encontrar su sitio, por hacer aquello que realmente es su pasión, el mundo seria mas feliz, él ya no formaba parte de esa parte de la humanidad que viven atrapados en vidas ajenas, ocupas de sitios que no son suyos, la vida es tan corta que no merecemos vivirla a disgusto. Envuelto en sus pensamientos Carlos iba de un lado a otro de la tienda haciendo sus funciones, ya que todavía formaba parte de aquel lugar hasta que en medio de unos de los pasillos he inevitablemente tropezó con su compañero Cesar que al igual que él, buscaba el desorden creado por los clientes para colocarlo correctamente.

—¿Cómo vas?.

—Bien bien, la verdad, pensaba que se lo iban a tomar peor. (Dijo Carlos sonriendo).

Era consciente de que ya estaban al tanto de su conversación con Hugo, y que la pregunta de su compañero hacia referencia a este tema.

—No me esperaba, que tomaras esa decisión..

—Pues si, me voy Cesar. (No estaba equivocado, todos los sabían ya). —En ocho días ya no estaré aquí. Espero que me echéis de menos. (Soltó con ironía, ya que precisamente con él, no había sido con el que mejor relación había mantenido nunca).

—Te admiro. Reconozco que yo aun no se sido capaz de hacerlo, y en muchas ocasiones lo he pensado no creas... Pero ya sabes....

—Si, lo se, para mi también a sido difícil, pero tenia de dar el paso, y se que nunca va a ser el momento perfecto...

—¿Pero te vas a otro sitio?, ¿tienes otro trabajo?.

—No otro trabajo no, por que cuando me dedique a lo que verdaderamente es mi pasión, no lo llamare trabajo.

(La respuesta de Carlos causo impresión en su compañero).

—Yo quisiera ser cocinero. Y algún día lo seré.

—¿En serio?, (Carlos reía abiertamente, no imaginaba a Cesar al pie de los fogones). —No lo sabia, es mas en la vida se me habría pasado por la cabeza.

—Ya imagino, no lo asocias conmigo ¿verdad?.

—¿Cesar y por que no lo intentas?. (Era consciente del peso de la pregunta que estaba formulando a su compañero).

—No es momento ahora. (Afirmo el chico).

Carlos noto que no debía seguir con esa conversación, se estaba creando un ambiente de tensión, por lo que quiso aliviar un poco la presión:

—Cesar, lo verdaderamente importante es que nunca pierdas de vista tu meta, se que a veces es difícil tomar decisiones y mas aquellas que conllevan con ellas un cambio total en la estructura de nuestra vida, pero en algún momento hay que hacerlo, (el rostro de su compañero estaba cambiando, se sentía comprendido, y estas palabras le hacían sentir bien). —Date cuenta que desde que te levantas por la mañana, hasta el momento que decides ir a dormir, la inmensidad de decisiones que tomas, desde que ropa te pones, hasta que desayunar que camino coges esa mañana, etc... Pero todo eso son decisiones fáciles, que no tienen importancia, simplemente porque estamos habituados ya a resolverlas. Y vamos sobre la marcha improvisando, abrimos el armario miramos, elegimos vestimenta, abrimos la despensa y elegimos que desayunamos, pero cuando abrimos nuestra mente, y buscamos allí lo que queremos... ¿qué pasa entonces?.

—Pues... (Cesar no sabia que contestar).

—Que cerramos y nos vamos, es lo que pasa. (Su compañero estaba entendido la esencia de esta conversación). —Porque esa decisión si es importante, pero no es cómoda, rompe con la estructura. Pero tu tranquilo que en algún momento serás capaz, ya veras. Y no me refiero a dejar tu trabajo como he hecho yo, sino a tomar la decisión de enfrentarte a tus demonios internos.

—Gracias Carlos. Espero que te vaya muy bien. Dejas un vació muy grande aquí que lo sepas. (Por algún motivo desconocido, a su compañero no le estaba agradando la conversación, por lo que decidió poner fin).

—Bueno vamos a trabajar que esta mirando el jefe. (Con una sonrisa mutua ambos se separaron y siguieron sus tareas).

Era extraño como a pesar de haber comenzado la cuenta atrás, Carlos tenia mas energía, ya no le dolían las piernas ya no notaba el cansancio, el tiempo parecía que avanzaba mas rápido, estaba claro que había quitado una pesada carga de su vida, el ancla había sido elevado.

La hora del cierre daba lugar, era un momento tenso ya que como de costumbre, todo estaban reunidos en el mostrador donde recogían sus pertenencias para marcharse, su Jefe y Hugo, estaban allí presentes también, pero nadie comento nada, querían aparentar normalidad.

—Bueno chicos nos vemos luego. (Carlos se despidió así de sus compañeros que también iniciaban su partida).

De camino a casa fue haciendo recuento de la mañana..

—Que intensa... (Pensó).

Debido a los minutos que le quedaban para llegar a casa y buscando algún medio para entretenerse saco su móvil con la intención de ojearlo un poco, ya que no le había prestado atención en toda la mañana. Con el teléfono en la mano, se le ocurrió llamar a aquel cliente, solo por la curiosidad de saber que quería decirle. Y así lo hizo, busco la tarjeta de visita que le entrego en su momento en su cartera, y marco el numero que allí aparecía.

Tono tras tono nadie contestaba al otro lado, sabia que la llamada finalizaría en breve, y si así fuera no volvería a llamar, pero la señal de llamada se interrumpió:

—Si dígame.

Una voz joven de mujer le contestaba a su llamada, pensó que quizás había marcado mal el numero pero bueno, quizás el hombre estaba ocupado y no podía atender el teléfono y alguien se lo cogió por lo que antes de colgar quiso hacer la comprobación:

—Si hola, buenas tardes, (Pregunto con timidez). —Por favor pregunto por el Sr. Oliveira.

—¿De parte de quien por favor?. (Efectivamente estaba llamando al lugar correcto, no se había equivocado).

—De parte de Carlos Nicolás.

—Un momento por favor, le paso.

Una música de fondo le acompaño en su espera, mientras sonaba aquella melodía predefinida, Carlos pensaba en si aun se acordaría de él. Ya se encontraba frente a su portal, pero quiso esperar allí por si en el transcurso de subir a casa, la llamada se colgara debido a la falta de cobertura o cualquier otro motivo, por lo que espero de pie frente a la puerta de barrotes verdes, a ser atendido.

—Si, ¿quien es?. (Esa si era la voz que el esperaba recibir a su llamada).

—Buenas tardes soy Carlos, supongo que no se acordara de mi, soy el chico... (La sorpresa del hombre no le dejo continuar con su explicación).

—¡Hombre Carlos!, ¿cómo estas?, pensaba que te habías olvidado de mi. (Dijo con gran sorpresa).

Estaba claro que si que sabia quien le estaba llamando, pero a Carlos le resultaron muy curiosas sus palabras, "pensaba que te habías olvidado de mi". Tendría que ser al revés pensó con una sonrisa, la verdad que aquel comentario le hizo sentir bien. Pero no quiso perder su educación.

—Espero no molestarle Sr. Oliveira. (Dijo mucha discreción).

—En absoluto, y no me llames así, (se escucho una risa). Soy Marcos. Pero dime ¿en que puedo ayudarte?.

La verdad que no sabia en que podía ayudarlo, de hecho no sabia ni porque lo esta llamando, en principio solo era por la curiosidad ya que fue él, que le invito a que lo hiciera.

—Pues usted me dijo que lo llamara... (El tono dubitativo de la respuesta aclaro que no tenia un motivo concreto para justificar su acto).

—¡AH si si!, claro que si, escúchame Carlos, ¿cuándo podemos vernos?, que se que andas muy ocupado con tu trabajo.

—Bueno ya no tanto, (contesto automáticamente Carlos sin saber porque, lo que rápidamente tuvo que recurrir a explicar su respuesta). —Es que hoy mismo me he despedido... (Pensó que había sido un error dar esa explicación, esa información no era importante para aquel hombre, pero era la verdad).

—Me parece muy bien. (Contesto Marcos con firmeza).

—Por lo que, dentro de ocho días dispondré de total libertad. (En el tono mostraba lo orgulloso que estaba de poder comunicar esta decisión).

—Perfecto entonces, es que quiero comentarte algo que te puede interesar, y si estas en esta situación, creo que te va a resultar muy interesante. Pues así quedamos entonces.

—De acuerdo, le llamo en ocho días.

La llamada había finalizado. A pesar de que la duda de que seria lo que tenían que hablar le estaba causando una ansiedad terrible, no quiso preguntar sobre que trataba, obligatoriamente debía esperar los días que le restaban de su cuenta para enterarse.

Una vez en casa, guardo la tarjeta de aquel hombre en uno de los cajones del mueble de la entrada, ya que tendría que recurrir a ella mas adelante.

El reloj marcaba casi la hora en la que llegarían su mujer y sus hijas, por lo que debía apresurarse para preparar algo de comer para todos. Mientras observaba como las ebullición del agua daba lugar, ya que cocer pasta era lo que le permitía el tiempo, pensó en como seria su libro, dado que era el primero, y el motivo principal de su nueva vida, pero su mente se encontraba en un momento de shock debido a todas las emociones que le habían ocurrido en las pocas horas que duro aquella mañana de lunes. La puerta de acceso a casa empezó a abrirse dando paso a su maravillosa familia, hoy tenia mas ganas de verlas que ocasiones anteriores, de hecho soltó rápidamente los utensilios de cocina que portaba, y salió a su encuentro.

Arrodillado frente a la puerta con los brazos abiertos esperaba que sus hijas fuesen hacia él, y así fue.

—Hola Papa. (Le saludaron ambos niñas).

194

Desde esta postura, y mientras contestaba al recibimiento de sus hijas, elevo su mirada para posarla sobre su mujer, que aun permanecía detrás de ellas contemplando aquella escena, Raquel le devolvió la mirada, sabia que algo épico había pasado esa mañana.

—Venga chicas ponerse a la mesa que la comida ya esta preparada.

Las niñas haciendo caso a su padre procedieron a lavar sus manos, y preparar algunas cosas que faltaban, mientras que Carlos y su mujer aun permanecían en la entrada.

— Hoy empieza una nueva vida nena.

—No, (le rectifico). —Hoy empieza tu vida de verdad. Sabia que lo harías. ¿Se lo han tomado bien allí?.

—Pues si la verdad es que si, yo me lo esperaba peor...

Ambos rieron y tras un abrazo de aprobación, comenzaron su protocolo diario. Durante la comida Carlos contó a groso modo, la situación tal y como se había desarrollado, todos le escuchaban atentamente su explicación, también le comento a su mujer que había llamado a su cliente, aquel que le dio su tarjeta hace unos días, y que al finalizar allí, habían quedado en verse y hablar.

—Bueno nene tu ahora tranquilo.

—Ahora me siento mas en paz conmigo mismo que jamás en mi vida.

—Claro que si. (Ratifico su mujer).

—Hay que soltar lastre para poder avanzar ¿eh?. (La pregunta no era para Raquel, de hecho era una reflexión mental dicha en voz alta).

—Siempre nene... Siempre.

En el tiempo de descanso que separaba el final de la comida a la vuelta al trabajo, cada uno aprovechaba para descansar a su manera, pero la cabeza de Carlos no descansaba, este paso le estaba haciendo reflexionar sobre toda su vida, se dio cuenta que esto mismo que habia hecho hoy, tendría que haberlo hecho en situaciones anteriores, con muchos otros acontecimientos que le habían pasado a lo largo de su existencia, y que no había sido capaz, quizás si anteriormente hubiese actuado de otra manera, hoy todo seria diferente. Tenia claro que si hubiese sido capaz de afrontar la decisión como en esta ocasión, todo hubiese sido mas fácil. Pero era el momento de cambiar de camino, en honor esas veces que no lo hizo. Automáticamente y muy en contra de lo que el necesitaba en este momento, su mente empezó a enseñarle todos los difíciles momentos por los que había pasado, una sensación de angustia se estaba apoderando de él.

—¡No puedo permitirme esto!. (Pensó con rabia).

La conversación interna que se estaba desarrollando en su interior le estaba martirizando. En un intento burdo de contrarrestar esa voz interior decidió cambiar su posición, abandonando el sofá en el que se encontraba, y dirigirse hacia el balcón que daba a la calle, pensó que el aire fresco le ayudaría. Ya que por mas que intentaba pensar en otra cosa totalmente diferente, la mente ganaba la lucha, y volvía a mostrarle aquello que pretendía olvidar. Por lo que no tuvo mas remedio que rendirse a la evidencia y dejar que su mente decidiera por él. Como si de una película se tratase, Carlos empezó a visionar todas aquellas circunstancias por las que había tenido que pasar, pero cada imagen que le obligaban a ver dejaba un rastro de malas sensaciones en su cuerpo. Por lo que decidió tomar las riendas de la situación.

Tenia claro que físicamente no podía volver atrás para cambiar nada de los acontecimientos, pero lo que si podía hacer era mentalmente posicionarse en aquellos dolorosos hechos ocurridos, y cambiar la sensación que le causaba, modificando la escena, modificaría el recuerdo, así por mas que su mente le atacara con esos argumentos, no tendría efecto alguno sobre su presente ni su futuro, ya que habría cambiado su pasado.

Hecho para atrás sus recuerdos, con la intención de remontarse al primero de ellos, quedo un poco sorprendido ya que el recuerdo mas alejado que tenia era cuando, aproximadamente tendría la edad de su hija pequeña ahora, pero esa imagen no era mala de hecho le vino bien recordar esos años, en los que justo en el momento de despertar para ir al colegio la primera toma de conciencia venia acompañada de una olor característica del pan al tostarse, procedente de la cocina donde su madre preparaba su desayuno como cada mañana, de fondo siempre la misma emisora puesta en aquella radio, con estructura transparente y envuelta en tubos de luz de dos colores, incluso recordó que en ese momento el locutor anunciaba la previsión meteorológica del día. Estaba tan inmerso en ese recuerdo concreto que por un momento aquella olor volvió, se sentía muy tranquilo. Inmediatamente después se recordó en un coche con su padre y como este le ofrecía una fruta, no sabia cual era el destino que llevaba aquel viaje, ni de donde venia, pero si recordaba ya que se repitió varias veces, que siempre aparecía la misma fruta, un plátano. Hasta el momento los recuerdos no eran muy dolorosos, la verdad es que necesitaba ese aporte de paz. Pero el enemigo no se hizo esperar, ya empezaba a desfilar el dolor en un consciencia, desde humillaciones en el colegio, a discursiones entre sus padres, pasando por sus equivocadas decisiones según avanzaba su edad, sus perdidas de coherencia, todos los momentos que hoy le hacían sentirse culpable hicieron aparición. Había llegado el momento de no intentar huir, cerro sus ojos y se posiciono en cada uno de los eventos que recordaba, todos aquellos que crearon un shock en su mente, los momentos que estaban envueltos en oscuridad, si en aquel momento que sucedían era de noche rápidamente los pasaba a un plano de día, por si esto no era suficiente pensó en que color asociaba a cada sentimiento que había creado esa circunstancia, y seguidamente pensaba en un color que le hiciera sentir bien, en su caso fue el azul, no tenia explicación para justificarse porque ese color, pero el azul le aportaba tranquilidad. Todo lo que en esa escena permanecía fue tintado de ese color, se dio cuenta como el hecho de mentalmente regresar a los eventos estaba cesando el dolor causado, si en alguna proyección no había gente, o solo estaba él, rápidamente acudía una multitud de personas, si los participantes del rememoración estaban serios pasaban a sonreír y viceversa, por supuesto todo hasta el mas mínimo detalle en ese momento era de color azul, y por supuesto en algunos casos perdonaba, y en otros pedía perdón. La reprogramación de recuerdos estaba teniendo efecto sobre él, estaba siendo capaz de invocar ciertos temas pero ya no dejaban la misma huella a su paso por su mente. Portando una tranquilidad asombrosa, se permitía navegar por su mente sin temor a encontrar algo que no fuese de su agrado, ya que ahora era capaz de combatirlo. Era el momento de reciclar sus emociones, sus recuerdos, eso cambiaria su futuro.

—Nena vamos despierta. (Carlos con mucha delicadeza despertaba a su mujer que aun permanecía en el sofá)

—¿Que pasa?, ¿qué hora es?. (Dijo esforzándose por despertarse).

—Pues la hora que si no te levantas ya... Llegaras tarde. (La risotada de su marido ocasiono que ella se levantara de un salto).

—¿Es tarde?. (Pregunto la mujer angustiada, presa del sueño aun).

—No nena, tranquila todo esta bien. Pero el día debe continuar.

Y efectivamente era lo único que Carlos no podía cambiar, el paso del tiempo, pero lo que si podía hacer es que desde ahora, es que aquel fenómeno imparable fuese a su favor. Ya tan solo era cuestión de pasar esos ocho largos días.

La tarde pasaba tranquila, sin ninguna novedad, todos en la tienda cumplían sus funciones, iban de un lado a otro atendiendo clientes, recogiendo las prendas del suelo, se notaba que intentaban entretenerse, Hugo seguía dando ordenes a los demás, para que siempre estuvieran ocupados, pero concretamente hoy, parecía que al personal no le desagradaba la idea.

Las horas volvían a pasar lentas, muy lentas, pero desde este momento Carlos, ya no podía desperdiciar un segundo de tiempo, por lo que en su mente empezó a construir su nuevo mundo, imaginaba como seria el levantarse por la mañana y...

—Hola Carlos. (La voz tímida de su compañera interrumpió sus pensamientos.)

—Hola guapa, ¿cómo vas?. (Sabia que antes o después el personal querría contrastar directamente con él, lo que habían escuchado).

—Bien bien... ¿Es que te vas?. (Una vez mas Carlos tenia razón, y la pregunta no se hizo esperar).

—Si Natalia, me he despedido.

—Ya... Algo me han dicho. (La chica hizo una pausa, daba la sensación de que las siguientes palabras estaban atrancadas, pero ella luchaba internamente por que salieran).

—Te vamos a echar de menos. (Era cierto, el gesto de la compañera mostraba una gran tristeza). —Tu aquí siempre estas dispuesto a ayudarnos, siempre te has preocupado por los demás, y ahora, cuando tu no estés...

—Natalia, no digas eso, pero es que ya no puedo seguir aquí. He descubierto cual es mi vocación, que es lo que quiero hacer y no puedo quitármelo de la cabeza. (No quiso dar mas información sobre a que se dedicaría, seguramente no lo entenderían).

—Pues la verdad es que las cosas están difíciles fuera, pero me alegro mucho por ti. Aquí ya sabes que todos quieren hacer lo mismo, pero no se atreven.

—Si, lo se, a mi también me ha costado mucho dar el paso, pero he tenido que hacerlo.

—Bueno Carlos vuelvo a la zapatería, cuídate mucho.

La chica se despidió de él con una sonrisa, sabia que aun le quedaban unos días para marcharse pero quiso hacer su despedida particular, por si después no tenia la ocasión.

Tan solo una hora para terminar la jornada, a lo largo de la tarde, tuvo varias interrupciones de los demás compañeros, todos querían despedirse de forma personal y privada, ya que como en casos anterior que algún trabajador anunciaba su marcha, en pocas ocasiones aguantaban los días previstos. En aquel trabajo pasaba algo curioso con la nueva gente que se incorporaba, al principio todo les parecía fantástico, incluso se notaba como se esforzaban por querer demostrar su valía, pero a los pocos días, era como si llevaran allí toda una vida, sienten el rechazo del sitio, se vuelven ariscos, no quieren estar mas en ese lugar, por norma general, y dado que los responsables intentan buscar siempre un razonamiento lógico a esta reacción, suele culpar a la juventud del personal, a las pocas ganas de trabajar que tienen, o cualquier otro motivo. Porque no quieren darse cuenta que el verdadero problema, es la esencia que emana el lugar. Carlos, tras su larga trayectoria allí, había sido participe de toda clase de momentos, en los que tan solo, una proporción muy pequeña habían sido buenos. Debido al extenso horario y al escaso personal, los lazos de unión que se creaban eran similares a una pequeña familia, todos sabían los secretos de todos, y eso es lo que mas echaría de menos, el poder prestar su ayuda a quien la necesitara.

Los días sucesivos se desarrollaron rutinarios, todo seguía como de costumbre a lo largo de la semana, Raquel en su tienda obtenía beneficios por lo que le hacia sentirse bien, ya que ella disfrutaba en ese entorno, mientras que Carlos esperaba con cierta ansiedad, consecuencia del habito adquirido tras tantos días, la espera del sábado, ultimo día de la semana. Durante este tiempo Carlos tuvo muchos encuentros mentales en su cabeza, se preguntaba por la situación de Miguel y Laura, que a pesar de que tenia la certeza de que habrían sido capaces de reunir a sus familiares, y enfrentarse a la dificultad que les suponía dar el paso de anunciar su relación, lo que no tenia muy claro era que reacción que habrían creado, supuso que ante su seguridad en la exposición, y su preparación mental mediante el momento imaginado, causaría en los demás un impacto que conllevaría la aceptación inmediata, pero las consecuencias vendrían después, cuando aquellas personas tomaran conciencia de verdad sobre el tema, ya que realmente no les parece mal a ninguno, pero la circunstancia entra en conflicto con las creencias internas de sus familiares, pero este domingo volveríamos a tratar el asunto. También y por supuesto que recordaba a su gran amigo Leo, sentía muchas ganas de volver a hablar con él, pero en esta ocasión era diferente, por mas que se paraba a pensar no encontraba un motivo de charla para este domingo, ya no tenia que aclarar dudas, las dificultades que le surgían, era capaz rápidamente de autoayudarse el mismo, le resulto interesante como a partir de dar un paso firme en busca del cambio, una vez que se había liberado de la carga, le era mas fácil avanzar y sentía la necesidad de seguir cambiando cosas, analizaba todo su entorno, sus familiares, sus amigos, buscando en cada uno de ellos el motivo de su infelicidad, que en alguna ocasión, tras alguna conversación, le habían dado a entender. Por unos momentos Carlos sonrió, ya tenia conversación para el domingo, preguntaría a Leo, el "porque" de este cambio en su persona. Estos pensamientos se repitieron durante todos los días hasta que por fin, el sábado estaba aquí.

Durante toda la semana, ni tan solo una mañana el despertador se había adelantado a Carlos, y hoy no iba a ser diferente, por lo que anulo el aviso del mismo, y procedió con calma hacia su cocina, debía prepararse para el día de hoy. Mientras tomaba su café, decidió visualizar sus videos de música favoritos, debido a que era pronto aun para despertar a su mujer que compartía su horario, pensó que lo mas adecuado seria hacer uso de sus auriculares, de este modo, solo él disfrutaría de su música.

Permanecía recostado sobre su sofá, con la mirada perdida al frente, donde vio algo que le llamo la atención, su videoconsola. Se dio cuenta que hacia por lo menos dos semanas que no hacia uso de ella, que extraño pensó, antes jugaba a diario, y ahora..., se detuvo un momento en aquel pensamiento, incluso a pesar de disponer del tiempo ahora, no le apetecía, lo que aun era mas desconcertante para Carlos, porque las cosas que antes le gustaban ya no era así, ese aparato había estado presente en su vida en muchas ocasiones, siempre había sido su cómplice en los malos momentos. El rostro del chico dibujo una sonrisa irónica, ya era consciente de su reacción, ese hobby, estaba relacionado una vida anterior, a situaciones dolorosas en la cuales lo único que era capaz de evadir su mente era asumiendo el papel del protagonista del juego. Pero ahora, el protagonista era el mismo. No lo necesitaba. Había llegado el momento de sacar a su mujer del sueño. La hora del inicio se acercaba.

Decidió que hoy si iría a trabajar en su moto, ya contaba con sus últimos viajes a este destino, pretendía darle una normalidad total al sábado, y así fue, incluso en ocasiones volvía a invadirle la sensación de angustia de no ver el final de su estancia, pero pronto era consolado por esos tres días que restaban hasta su libertad mental.

Durante el día Carlos estuvo ausente, la tienda olía mas que nunca a flores, a causa del ambientador que casi continuamente aplicaban, con la intención de contrarrestar el rastro que dejaban algunas personas, nunca olvidaría esa fragancia. Los pequeños detalles hoy llamaban mas que nunca su atención, bajo la continua mirada de sus superiores, por lo que la sensación de control era máxima, pero ya no le importaba. A lo largo de las horas, había recibido muchos comentarios de los compañeros, los cuales le mostraban la "envidia" sana, según le decían, por su partida, y le insinuaban, que ellos en algún momento se irían también, había sido un ejemplo para esa gente. Carlos paso el día de un modo ajeno, su cuerpo estaba en aquel lugar, pero su mente no paso ni siquiera por allí. Por lo que casi si darse cuenta el momento del cierre se presentaba. A pesar del cansancio que sentían los trabajadores aun les quedaba algo por hacer, despedirse entre todos, y hasta el lunes, que para él, seria su ultimo día.

Arranco su moto y se dirigió a casa, donde su mujer le esperaba, hoy especialmente, había sido un día muy raro, sentir el final tan cerca lo desorientaba un poco.

— Hola nena, ya estoy aquí. (Dijo con tono alto pero cansado).

— Hola Carlos, ¿cómo ha ido?.

— Pues, estoy deseando que se pase el día... No se que me pasa, pero bueno, otra semana mas.

— La ultima. (Reprocho Raquel).

Ambos rieron en muestra de rebeldía, lo que tantas veces habían comentado ahora lo estaban viviendo. Tras la cena, y dado que al día siguiente no había que madrugar, decidieron alargar un poco mas la noche, permaneciendo en el sofá charlando, haciendo recuento de la semana, pero el cansancio, muy en contra de lo que querían les atrapo, obligándoles a dar el día por finalizado. Por lo que decidieron dirigirse al cuarto he intentar dormir.

—Buenas noches.

—Hasta mañana nene. (Contesto ella, adoptando la postura mas cómoda para acelerar su descanso en la cama).

La noche transcurrió de un modo insólito para Carlos, en varias ocasiones se despertó alterado, entre sueños que se repetían continuamente, le estaba costando mucho conciliar entre un despertar y otro, y lo que mas le molestaba era que a pesar de interrumpir la pesadilla abriendo los ojos, al volver a cerrarlo, volvía al mismo punto. Tuvo la sensación que su inconsciente trataba de avisarle de algo mediante esos pequeños acontecimientos nocturnos, o simplemente trataba de reciclarlos de un modo natural. Pero no prestó mucha atención, ya el domingo estaba iniciado. La euforia de poder ver a Leo y contarle todos los acontecimientos le mantenía emocionado.

Domingo

Se vistió rápidamente y a pesar de ser bastante mas temprano que de costumbre, bajo al punto de reunión, aquel bar escenario del momento en que Leo apareció en su vida.

La brisa fría de la mañana hizo que Carlos frotara sus manos con la intención de que su cuerpo entrase en calor, mientras andaba pausadamente hacia el local, antes de tomar la curva que le colocaría justo en la entrada al bar. Vio una figura a lo lejos que llamo su atención, dada la hora que era, le resulto extraño que alguien estuviese en la calle, la figura permanecía sentada en un banco del jardín que acontecía frente a él, pero a pesar de la oscuridad que lo envolvía, y de lo insólito de la situación, la silueta le resultaba familiar, ando unos pasos en dirección a esa silueta intentando aclarar de que se trataba.

—¡LEO!. (Exclamo con fuerza para que a pesar de la distancia que los separaba, pudiese oírlo con claridad).

Su amigo no respondió a su llamada, prefirió permanecer igual que hace un momento, en la misma postura, lo único que recibió Carlos por respuesta fue una sonrisa, que a lo lejos veía como le dedicaba su amigo. Según se acortaba la distancia entre ellos, Carlos noto algo diferente en Leo, intento ser capaz de detectar a que se debía esa sensación, pero no fue capaz, aparentemente todo estaba como siempre.

—Hola Carlos. (El saludo fue seco, estaba acostumbrado a un recibimiento mas cordial).

Una vez mas, la misma sensación abordo su cuerpo, incluso en sus palabras notaba que algo era diferente en

206

Leo, "quizás es cosa mía", pensó, y prefirió desarrollar un poco mas la mañana antes de responder a su duda.

—Hola amigo, ¡que ganas tenia de verte!. (El tono eufórico de Carlos hizo que su amigo se levantara y le estrechara su mano). —¿Desde que hora estas aquí?, es muy temprano. (Añadió).

—Lo se, pero he pasado mala noche y quería despejarme un poco.

—Calla calla, yo también he pasado una noche fatal, no paraba de despertarme, y cada vez que me dormía soñaba con algo malo... Pero bueno. (Carlos quiso poner fin a ese tema ya que no le resultaba importante en ese momento).

Muy en contradicción de los pensamientos que llevaba Carlos, observó como su amigo volvió a sentarse en aquel banco, supuso que aun no tenia gana de tomar nada, aunque podían haberlo hecho ya que el bar ya estaba abierto al publico, pero quiso respetar su decisión, y tomo asiento a su lado.

—Los sueños o pesadillas, dependiendo de la sensación que nos crean, son algo curioso, ¿verdad?. (Pregunto Leo).

—Pues la verdad que si, es que hay veces que parece tan real... (Le contesto Carlos con lamentación). —Que te despiertas con la sensación de que ha pasado, a mi esta mañana me duele todo el cuerpo, por lo que supongo que mis sueños fueron movidos... (Terminó riendo).

—Sobre los sueños decían antiguamente que no servían para nada, pero hoy día, cada uno tiene un concepto diferente sobre este hecho, unos dicen que son premonitorios, otros que son descargas del cerebro, pero en lo que coincide la mayoría es en que no hay que hacerles caso.

—¿Entonces para que sirven?,(pregunto Carlos con curiosidad).

—Como te he dicho antes, según a quien le preguntes te dará una conclusión, la mía es que estamos tan ocupados durante el día, que la única forma que tenemos de prestarle atención a ciertos asuntos de nuestras vida es así, en ese momento, a través de ellos.

La conclusión de leo, le había sorprendido bastante, ya que en ningún momento se había parado a pensar sobre este tema. No quiso seguir profundizando en este asunto, por lo que decidió pasar a un siguiente tema, y sobre esto, él si tenia algo que decir.

—Leo, tengo que contarte algo. (Hizo una pausa para dar mas importancia a sus siguientes palabras, pero Leo aprovecho ese breve silencio para filtrar su pregunta).

—¿Tomamos un café?.

—Si claro. (Contesto con algo de molestia en su tono).

Ya que pretendía contarle algo de lo cual se sentía muy orgulloso, por lo que esa interrupción no procedía, ni le pareció adecuada, pero entendió que Leo ya era conocedor del asunto y cargaba con una mala noche, por lo que necesitaba ese café, para poder prestar mas atención y crear un ambiente mas cómodo en aquella conversación. Aunque no quedo muy convencido a pesar de su razonamiento, pero se esforzó para que le sirviera.

La pequeña terraza del local estaba aun vacía, el aire templado pero abundante sacudía los toldos verdes del lugar. Carlos quiso evitar cualquier interrupción mas a sus palabras, por lo que antes de empezar a contarle su semana, quiso pedir a la camarera que andaba de un lado a otro preparándose para la llegada de los próximos clientes.

—¿Leo que quieres tomar?.

—Café solo por favor.

—Si yo también pediré eso, la noche a sido larga ¿eh?. (Ambos rieron al unísono).

—¡Dos cafés solos por favor!. (Grito a la camarera antes de que se alejara mas).

Tras una breve espera, la chica dejaba las tazas sobre la mesa. El momento de informar a Leo había llegado:

—Me he despedido de mi trabajo. Mañana que es mi ultimo día en aquella cárcel mental, empieza mi nueva vida. (En el tono de voz se mostraba el orgullo y la satisfacción de su acción).

—Me alegro mucho, de que al fin hayas sido capaz de hacerlo amigo. (Leo asintió con la cabeza como muestra de aprobación ante tal hecho). —Has dado un paso muy importante Carlos, no todo el mundo es capaz de renunciar al orden establecido en su vida, para comenzar un nuevo viaje hacia "lo desconocido".

—No ha sido fácil... nada facil. (Le interrumpió).

—Lo se, las decisiones verdaderamente importantes no suelen ser fáciles, pero por esas mismas son las que marcan la distancia con los demás, y las que te reinventan, las que desbloquean actitudes en ti que antes ni conocías, en el momento que enfrentamos una dificultad sea en cualquier aspecto, hará que desarrollamos dentro de nosotros nuevas características, de hecho no sabemos hasta donde somos capaces de llegar, hasta que no lo necesitamos... ¿Verdad?.

¿Porque le hacia esa pregunta?, ¿realmente sabia lo que estaba pasando dentro de él?. Se pregunto Carlos en su mente,.

—Pues la verdad es que si, desde que tome la decisión, mi mentalidad a cambiado, no se como explicarte, a ver... (Ambos aprovecharon la pausa para tomar un sorbo de la taza que tenían delante, que a pesar del ambiente fresco, seguía aun humeante). —Es como si ahora, las cosas que antes me preocupaban, ya no lo hicieran, pero porque no considero que sean problemas, solo que los identifico como circunstancias necesarias para pasar el siguiente nivel, no se Leo, es muy raro... Lo que antes me gustaba ya no es así, y es mas, incluso algunas personas vienen a mi para que les ayude a resolver sus dificultades.

Leo no emitía ninguna palabra, tan solo se mantenía atento a su acompañante, permanecía en silencio, sonriente, su mirada se clavaba en los ojos de Carlos, no parpadeaba, tan solo le escuchaba.

—Incluso yo pensaba que mi familia no lo entendería, y reconozco que su actitud me sorprendió. (Añadió, invitando a Leo a intervenir en su exposición, que así lo hizo).

—Mira Carlos, en ocasiones y debido a la carga del miedo o la incertidumbre que sentimos ante ciertas circunstancias, solemos mirar las consecuencias desde ese mismo punto de vista, pero cuando nosotros demostramos nuestra seguridad en lo que estamos haciendo, la percepción en los demás es la misma. De ahí que desde este momento como me comentas, te has hecho un guía para algunas personas.

—Si Leo, así es. Ahora me piden mi opinión. (No puedo terminar la frase cuando Leo se antepuso a sus palabras).

—Espera Carlos escucha. (Su mano se alzo en indicación de que detuviera su voz). —Pero eso se debe a que esas personas se encuentran en una situación parecida a la tuya, no es que necesiten dejar su trabajo porque sea un impedimento para su sueño, no es eso lo que les estas enseñando, no reciben esa información de tu acción, lo que reciben es que tu has sido capaz de enfrentarte a algo que te estaba perjudicando, y todo el mundo tiene algún "demonio" al que suprimir, por esto, quieren saber "como se hace...", y sobre todo quieren sentir la sensación que emanas de éxito.

—Leo, para mi, y por supuesto que ahora que me encuentro en esta situación, empezare a escribir mi libro, pero te quiero decir que pase lo que pase con el libro, la verdad es que no me importa, yo he triunfado ya. Lo que pase después... No es tan importante para mi, como haber conseguido ser capaz de hacer todo lo posible por cumplir mi sueño. Ahora empiezo a vivir la vida a mi manera, con mis reglas.

—¡Por supuesto!, y eso es lo que las personas necesitan que les enseñes, a tomar decisiones, a luchar por lo que quieren, a vencer a sus demonios internos, que salgan de la mentira en la que la vida los tiene atrapados, y que sean sinceros con ellos mismos. Y de esta forma se darán cuenta del verdadero potencial que tienen.

—Una vida sincera... (Carlos repitió esta ultima frase que acababa de escuchar de boca de su amigo).

Le pareció un buen titulo para un libro, "Una Vida Sincera", ya que desde ahora tenia que pensar como un escritor, tenia que prestar atención a todos los detalles de su entorno, ser consciente de las máximas sensaciones ya que mas tarde las transcribiría a sus escritos. Leo se percato de que tras repetir sus palabras Carlos quedo pensativo por lo que quiso añadir algo mas.

—La sinceridad es algo muy importante en todos los aspectos de la vida, todo lo que no es sincero, es falso, y todo lo falso no es real, por lo que cualquier cosa, producto de esa irrealidad... Es un error, y el error conduce al fracaso. La sinceridad esta inevitablemente asociada a lo original, es la esencia pura de las cosas, personas, de todo. (Leo tomo su taza de café y tras un pequeño trago). Mira Carlos te contare algo:

—Cuenta la historia que el origen de la palabra "sincera", se remonta a muchos años atrás, cuando la categoría de las personas se media por las esculturas que tenían en sus casas, dado que esto era el baremo de medida de la distinción de clases en aquella antigua época, surgieron muchos escultores, personas que abandonaron sus actuales ocupaciones para dedicarse a esta labor, pero al igual que pasa actualmente, cuando hay una gran demanda sobre algo, todo el mundo siente la necesidad de aprovechar esa situación, y por aquellos entonces, paso lo mismo, todas las personas empezaron a esculpir, habían ya muchísimas esculturas de todo tipo, para todos los gustos, por lo que en algún momento hubo que empezar a distinguirlas, ya que todas las creaciones no eran iguales. Aquellos "escultores", en los cuales no existía la habilidad de este trabajo cometían muchos errores en sus creaciones, y debido a esto, ocultaban los fallos cometidos con "Cera". Visualmente era muy difícil de diferenciar, pero los expertos en la materia, si lo detectaban, por lo que pronto en los mercados de la época, ya se podían ver en algunos de los puestos de los vendedores, carteles con la especificación "Esculturas SIN CERA".

—En la vida pasa exactamente lo mismo, mucha gente y hasta que pase el día de mañana tu mismo, intentabas poner "cera" a los errores de tus creaciones. De ahí la importancia de la sinceridad. Y el problema de no tener un rumbo fijo marcado, ya que algún tiempo después, la mayoría de los improvisados escultores que habían surgido para aprovechar la demanda de esculturas, tuvieron que volver a sus profesiones anteriores.

Carlos quedo totalmente sorprendido por esta explicación, era totalmente cierto lo que le estaba diciendo, ahora si era capaz de entenderlo, ya que en estos momentos era consciente de los errores que había cometido, intentado ocultar sus fallos con... "Cera". Lo que le recordó que tenia que comentarle la cita que tenia con aquel cliente.

—¿Recuerdas lo que te comente sobre aquel cliente?, (No tenia claro si se acordaría en ese momento de la conversación, por lo que quiso aportar algún dato mas). —Que como muestra de agradecimiento me dio su tarjeta y me pidió que lo llamara...

—Si, lo recuerdo, ¿Lo has llamado?.

El tono de Leo era seco, su gesto se volvió serio, daba la sensación de que no le estaba agradando, lo que sorprendió a Carlos, ya que anteriormente el mismo fue el que le dijo que lo hiciera.

—Pues si lo he llamado. (Respondió Carlos con timidez, pensó que esta afirmación no seria del agrado de Leo).

Estaba seguro que su amigo no aprobaba esta acción por su parte, algo incomprensible para él, ya que anteriormente no le dio esa sensación, por lo que antes de seguir explicándole quiso salir de dudas).

—¿Te parece mal?.

—No lo se. (Contesto tajantemente). —¿A ti que te parece bien?.

—Pero Leo... (Tuvo que hacer una pausa, estaba sintiendo vergüenza.¿Qué había hecho mal?, se pregunto en su mente).

Se sentía desconcertado con la respuesta y con la actitud arisca, que estaba recibiendo. Carlos no era capaz de razonar que estaba pasando. Incluso le daba la sensación de que lo estaba ofendiendo. Al menos tenia la tranquilidad de que aun no había ido a escuchar al hombre.

Leo se percato del estado emocional de su amigo, por lo que quiso suavizar de alguna manera el ambiente tenso que se había creado.

—A ver Carlos, no estas siendo sincero contigo mismo, otra vez. (La mirada acusadora de Leo le intimidaba).

—No se a que te refieres. (Quiso modificar el tono de su voz para mostrar su inconformidad de los ataques que estaba recibiendo, pero en el fondo algo de razón tenia, pero le estaban haciendo daño esas palabras).

—Si, si lo sabes, mira Carlos no te pongas a la defensiva porque no te estoy atacando, ¿de acuerdo?. Solamente quiero que veas la realidad como es. (Leo hizo una breve pausa). — No eres consciente de lo que esta pasando, y es muy fácil, sabes y tienes muy claro lo que va a pasar tras esa reunión con ese hombre... (Carlos asintió con la cabeza). —Sabes que por tu comportamiento con él, y ya que como persona curtida en el trato con gente que supongo que será, detecto en ti tu esencia, se percato de que tu escultura estaría en el apartado "Sin cera". (Leo sonrió, lo que aporto a Carlos algo mas de tranquilidad). —Por lo que seguramente querrá tenerte cerca de él, que formes parte de su equipo.

—¿No se lo que realmente quiere por que aun no he ido a hablar con él?, Pero si... Imaginaba que seria algo del estilo a lo que estas diciendo... ¿Pero eso esta mal?.

—Si. En este momento de tu vida si. (Ratifico Leo).

—Hace dos meses por ejemplo, hubiese sido fantástico ¿Verdad?.

—Pero no encuentro la diferencia que hay entre antes y ahora. (Carlos se esforzaba por entenderlo).

—¡Sigues teniendo miedo de enfrentarte a tu nueva vida! (El tono de voz de Leo hizo que Carlos se sobresaltara, los ojos de su amigo mostraban una furia incontrolada). —Aun no te arrepientes porque piensas que ese hombre va a ofrecerte algún trabajo con mejor horario y mejor remunerado del que tenias hasta ahora, y que vas a poder seguir pagando tus facturas, y que tu familia no pasara por las dificultades que se supone que vais a pasar, y eso te da seguridad y tranquilidad. Ahora mírame a los ojos. (Carlos agacho la cabeza, una gran losa de razón estaba cayendo sobre él).

—¡Carlos que me mires a los ojos!.

En ningún momento había visto a Leo con esa actitud, se sentía intimidado, pero sabia que debía de hacerlo, por lo que cautelosamente alzo su cabeza, apretando su mandíbula, y consiguió mantener su mirada fija en aquellos ojos oscuros que le desafiaban.

—¡No existen alternativas!.¡No hay un camino mas corto!.

Carlos instintivamente miro a su alrededor por si aquellos gritos estaban interrumpiendo la tranquilidad de los demás clientes, pero se percato de que a pesar de la cantidad de gente que hacia uso de la misma terraza que ellos, nadie les prestaba atención.

—Si tu crees en ti, en tu sueño, no existe nada mas. ¿Lo entiendes?, se que todas las personas necesitan contar con un recurso por si la planificación inicial falla, pero cuando estas seguro de lo que estas haciendo, no pierdes el tiempo en buscar un recurso alternativo, en vez de eso, esfuérzate por hacer que tu proyecto sea lo que tu quieres. Se que en tu cabeza aun sigues callando las voces que te dictan todo lo contrario a lo que estas haciendo. (La mirada de Carlos volvió a posarse sobre su taza de café, tenia razón).

—Pero Leo, estoy manteniendo mi postura, estoy fuerte, me siento capaz.

—Pero no hay necesidad de que estés pasándolo mal, en una lucha continua otra vez, el problema reside en que no sabes "porque" esta pasando esto.

—Supongo que Será normal ¿no?, supongo que será la fase de adaptación.(Carlos intento justificar con algún argumento lo que Leo decía).

—Claro que es normal, pero alguien quiere ser el que ocupe tu puesto allí, donde tu quieres estar, desde que decidiste dar el paso creaste una competición en el universo, recuerda que no vivimos en un mundo dual, todo esta conectado de una manera o de otra, tu acciones, tus palabras, cualquier cosa que hagas que pienses, cualquier decisión, esta provocando una reacción en otro plano del universo, ahora los demás saben que tienen un competidor mas, y sin saber porque, sus emociones se convierten en interesantes alternativas que llegan a tu vida con la finalidad de desviarte de tu camino, de la ruta que has elegido, aunque tu no lo creas así, cada segundo cuenta, cada pausa que hagas en el camino por muy breve que sea, esta retrasando tu encuentro con tu éxito, vamos a ver Carlos...

Leo intentaba por todos sus medios que su amigo comprendiese sus palabras, para él resultaba verdaderamente importante esto. Por lo que a pesar de notar que se estaba extendiendo demasiado en su explicación añadió:

—Pregúntale a ese deportista que se encuentra en medio de una carrera compitiendo por el primer puesto... Si una décima de segundo es importante, es crucial, es lo que marcara la diferencia con los demás, pues en la vida es igual, por supuesto ten claro, que cuando mas cerca estés, mas dificultades tendrás en todos los aspectos, adquirirás hábitos extraños, perderás muchas cosas que antes considerabas imprescindibles, pero eso será la señal de que cada vez, estas mas cerca, de que estas creando tu mundo.

Otra vez en los ojos de Carlos se reflejaban los de su gran amigo Leo, acababa de caer otra gran muralla limitante dentro de su cabeza.

—Leo, no se que haría sin ti de verdad, yo...

Quiso expresarle su agradecimiento de esta manera, pero un nudo en su garganta enmudeció sus palabras, aquel hombre siempre le ayudaban a mejorarse como persona, desde que lo conoció su vida había cambiado radicalmente, se estaba reinventando.

—No me agradezcas nada, todo esto que yo te estoy diciendo, aunque no lo creas pero... "Tu ya lo sabias", simplemente se encontraba oculto debajo de todo ese "escombro" de malos pensamientos y hábitos que tenias, has desbloqueado tu verdadero potencial amigo. (Leo le dedico una sonrisa, mostrándole con este gesto su satisfacción). —ten en cuenta que en cada semilla, por pequeña que sea, hay un enorme árbol dentro, pues tu semilla ha sido plantada.

—Si supongo que si. (No entendió muy bien a que se refería con esto, pero daba igual tenia razón, y eso si era importante).

—De acuerdo me ha quedado claro, pero por educación y ya que este hombre contaba con mi llamada, tengo que llamarlo, pero en ningún momento perderé de vista mi objetivo.

No había forma mas concreta de concluir este tema, a pesar de la escueta conclusión de Carlos, ambos tenían claro que hacer al respecto.

El café ya estaba frió, pero a pesar de eso, ambos hombres hicieron una pausa para beber de sus correspondientes tazas. El día se había vuelto soleado, por lo que el bar estaba repleto de la mayoría de los padres que desde aquella perspectiva vigilaban a sus hijos que jugaban afanadamente en el parque situado a escasos metros de allí.

—¿Tienes la semana muy ocupada?. (Era momento de planificar los próximos días, como bien le dijo: "Cada segundo cuenta").

—Ya no tenemos que esperar al domingo... ¿verdad?. (Ambos rieron estrepitosamente, Leo era totalmente consciente a que se refería Carlos con esa pregunta).

—Pues no, la verdad es que ya no, por eso te quería decir, si podernos vernos antes...

—Si claro, Siempre estaré cuando me necesites. Yo estoy muy cerca de ti Carlos... No lo olvides nunca.

—¿Te parece bien que nos veamos el Miércoles?.

—¿Por qué ese día?. (Una vez mas la pregunta de Leo le desoriento, pero inmediatamente llego la explicación).

—Pues dado que mañana es mi ultimo día, no voy a poder, el martes no se en que momento, pero quedare con "este hombre", para ver que dice, por lo que para no fallar, he dicho ese día. ¿No te viene bien?.

—No hay problema. El miércoles entonces. Solo quería cerciorarme de que no dejabas los pequeños detalles a merced de la improvisación... (Dijo Leo con una gran sonrisa mientras asentía con su cabeza).

Esta acción creo en Carlos una sensación de que su amigo estaba orgulloso de él, pese a todo, por lo que también le sonrió. No era necesario especificar donde tendría lugar el encuentro, ya que ambos daban por hecho que seria donde todo empezó.

Tras una calurosa despedida ambos hombres iniciaron sus caminos como de costumbre, Carlos sentía la necesidad de ver como su amigo se aleja, hasta que debido a la lejanía, lo perdía de vista.

No sabia que hora era, ya que con la prisa de bajar había olvidado el móvil en casa, por lo que se apresuro por si como todos los domingos hasta la fecha, el era el responsable de llegar tarde a la reunión familiar.

—¡Ya estoy aquí!. (Anuncio en voz alta mientras dejaba sus llaves caer sobre la concha de la entrada).

—¡PAPA!. (La voz de las niñas procedía del sofá en el cual ambas veían una serie de dibujos animados, pero el saludo fue interrumpido por otra voz.)

—¡Carlos siempre igual!. (Reprocho Raquel, dejando claro una vez mas, que se le había hecho tarde). —¿Pero de donde vienes?. —Su tono de voz sonaba enojado).

—Pues nena de debajo, de tomar café. (Respondió intentando disculparse).

— ¡Pero dos horas!... ¿Pero cuantos cafés tomas? .(Dijo con tono irónico la mujer.

—Dos... (Tras sacudir su cabeza intento de rectificar la respuesta que dio), ¡UNO!, ¿cuantos voy a tomar?. (Dijo mostrando su enfado, la discusión estaba tornándose molesta para ambos, por lo que debido a la falta de tiempo, y la poca importancia del asunto empezaron a preparar sus cosas y partir hacia su próximo destino, su familia).

Carlos se mantuvo ausente de la conversación que estaba manteniendo su mujer con sus hijas, de algún modo necesitaba separar las emociones que sentía, la necesidad de reflexionar unos minutos sobre los acontecimientos de esta mañana con Leo, asimilar que mañana era su ultimo día en aquel trabajo, y por supuesto, contaba con que la pareja del domingo pasado, estarían presentes a su llegada. Pero pronto tuvo de abandonar este estado.

—¿Que te pasa nene?, ¿en que piensas?. (Le pregunto su mujer, ya que su ausencia se estaba haciendo notoria).

—Nada, tranquila... En mis cosas.

—Todo va a salir bien. (Afirmo Raquel intentado calmar su mente, a pesar de que le hubiese gustado que su marido compartiera con ella sus pensamientos).

—Ya lo se. (Ratifico Carlos, soltando una mano del volante para posarla sobre la pierna de su esposa).

El viaje le resulto muy corto, le hubiese gustado reflexionar un poco mas sobre sus asuntos, pero ya estaban allí. Como de costumbre las niñas guiadas por la emoción de tener delante de ellas a su abuela, la que tanto a pesar de su edad y sus dolores generales que sufría, consecuencia de una vida cargada de emociones retenidas, había cuidado siempre de ellas, Carlos observo desde el coche como eran recibidos, quiso alargar su llegada, quería inmortalizar ese momento en su cabeza, así que permaneció mirando fijamente la escena.

—¡¿Carlos que pasa?!.

Su madre le gritaba desde la puerta de la parcela mientras le hacia indicaciones con la mano para que viniese a su posición, detrás de ella, estaba el resto de la familia, y por supuesto, aquella pareja.

—¡Voy!. (Grito desde dentro del vehículo para que a pesar de tener las ventanas cerradas se le escuchara).

—Hola mama, ¿como estas?. (Le pregunto mientras inevitablemente una sonrisa símbolo de complicidad se formaba en su cara).

Carlos retuvo unos instantes a su madre a la cual quería decirle algo que sabia que necesitaba saber.

—Mama, ¿sabes que recuerdo mucho?, cuando me llamabas para ir al colegio, no se que edad tendría pero la olor a pan tostado, y el sonido de la radio de fondo... Me da mucha paz. (De nuevo le sonrió, pero la reacción en su madre era diferente, su gesto se transformo en amargura).

—Tenias 12 años hijo. (Su tono de voz bajaba).

—¿Qué te pasa?, (pregunto Carlos con tono preocupado).

—Nada hijo... Aquella época no fue buena para mi. (Le respondió con resignación). —Pero me alegro que tu la recuerdes, parece ser que no lo hice tan mal.

Algo curioso estaba pasando, pero no tenia ningún recuerdo malo de aquellos momentos, quizás por eso su madre se confirmaba, "su buena actuación", estaba claro que no quiso involucrar a sus hijos en sus dificultades, pero no le sorprendía, ella siempre intentaba ser autosuficiente, era su cualidad. Carlos tono nota mentalmente de este tema, y lo dejo pendiente en su mente, en algún momento tendría una conversación con su madre. Aunque era consciente de que esa charla, no seria agradable, pero si imprescindible.

—¿Y la hermana?. (Intento desviar la conversación).

—Esta sacando al perro, ahora viene.

—Bueno voy a saludar a los demás. (Dijo Carlos consciente de que las miradas del resto estaban puestas en él).

A tan solo unos instantes de aproximarse al grupo, intento identificar los gestos de todos ellos, percatándose así de la alegría que mostraban, especialmente aquel joven y su pareja. Por lo que procedió a saludar a Laura ya que por educación considero que era lo correcto, pero antes de que pudiese decir ni una palabra al joven, se abalanzo sobre él mostrando con un fuerte abrazo "Que todo había ido bien", o por lo menos Carlos lo entendió así.

—Te estoy muy agradecido... (Los ojos del chico brillaban mientras dedicaba sus palabras a Carlos). — He conseguido destruir una gran muralla, me has enseñado a luchar por mis objetivos... Ya somos libres. (Dijo orgulloso).

El silencio se hizo en aquella escena, la magnitud de las palabras de aquel joven habían enmudecido las de Carlos, que permanecía de pie frente a él, al igual que el resto de la familia. Por supuesto las niñas, ya se les podía ver corriendo de un sitio a otro por lo alrededores, sentían la libertad que no podían disfrutar entre semana.

—¿Nos sentamos?. (Dijo Raquel mientras recolocaba una silla para cada uno formando un circulo, era consciente de que había muchos temas que tratar ese día.)

—Si claro. (Contestaron de forma simultanea todos).

El día se había oscurecido, algunas nubes tapaban el sol, por lo que tuvieron que encender una tenue luz, ya que casi no se distinguían las caras. La temperatura era algo baja, pero nadie prestaba atención a ese detalle, no querían desperdiciar un segundo mas, todos sentían la necesidad de comunicar al resto sus eventos.

—¿Bueno que?. (Pregunto Carlos), ¿cómo ha ido la semana?. (Trato de no ser muy directo en la pregunta, aunque todos sabían de que se hablaría a continuación).

—Pues, la verdad que muy bien. (Intervino Miguel orgulloso, mientras dedicaba una mirada a Laura).

—¿Les ha parecido bien?. (Pregunto Carlos sorprendido, ya que según el planteamiento inicial no le pareció así).

—Pues no, la verdad es que no. (En el gesto del joven se percibía la resignación, pero continuo). —Pero me da igual, sabia que iba a ser así, pero lo importante es que lo hemos conseguido, ya no tenemos que escondernos de nada ni de nadie, y me he dado cuenta de que somos capaces de enfrentarnos a cualquier cosa.

—Me alegro muchísimo. Es muy importante vivir una vida "sincera" ¿verdad?. (Carlos no pudo evitar sonreír, acababa de recordar la explicación de Leo).

—Pero ahora su familia esta haciéndome a mi culpable... (La intervención de la mujer interrumpió su divagación).

—¿Culpable de que?.

—Pues eso quisiera saber yo. Pero por mi edad, pues...(Laura poso su mirada en el suelo).

—¡Hola chicos!. (La hermana de Carlos estaba de regreso de unos de los largos paseos que daba con su mascota, interrumpiendo así las palabras de aquella mujer).

Tras contestar todos al saludo de bienvenido, y liberar a valentina de la correa que la mantenía a su lado, Carlos y su mujer se levantaron para saludar a su hermana, y a su marido Pablo, que siempre la acompañaba. Pasados unos segundos, ellos también formaron parte de la reunión que habían creado.

—Pero vamos a ver. Lo primero es tener claro que aquí el problema no lo tenéis vosotros, por lo que no debéis dejar que os afecte en absoluto, no estáis haciendo nada que se considere inadecuado., (Hizo una pausa, señalando así la importancia a sus palabras). —El problema esta en que esta situación entra en conflicto con alguna creencia interna en la mentalidad de los demás, por eso no son capaces de aprobarlo. (Carlos quiso poner un ejemplo para poder aclarar un poco mas su comentario).

—Vamos a imaginarnos, que hay una persona que vive en un mundo en el cual no existen los colores... Todo es en blanco y negro, nadie de aquel mundo es conocedor de la existencia de ningún otro planeta. Pero en otro lugar del universo, si hay un lugar en que las cosas son en color. Ahora bien... (Interrumpió su explicación para mirar a sus hijas que pasaban en ese momento frente a ellos corriendo consecuencia del juego al que se dedicaban). —En aquel mundo en que todo es a color, han investigado y han detectado la existencia de un nuevo planeta en su sistema solar, por lo que por naturaleza humana, deciden investigarlo, enviando una nave no tripulada para rastrear la zona. Y justo en ese momento "la persona" que vive en aquel mundo en blanco y negro, a la cual nadie le ha dicho que podría ser posible que existieran otros mundos, se encuentra mirando hacia arriba, de tal forma que toma contacto visual con aquella aeronave.

—¿Qué es lo que esta viendo?, mejor dicho, ¿de que color la ve?. (Pregunto Carlos invitando a formar parte al resto).

La respuesta no fue tan inmediata como se esperaba que iba a ser. Ya que él lo tenia muy claro, pero espero que alguien fuese participe de su pregunta.

—Pues... (Laura tomo la iniciativa y se dispuso a contestar), pues en colores, ¿no?. (No lo tenia muy claro, por lo que acompaño un breve razonamiento). —Ya que su mundo es blanco y negro pero esa nave viene de otro mundo en el que no es así.

—Mirar. (Quiso dirigirse a todos ya que notaba que el resto era partidario de apoyar esta conclusión). —En su programación y debido a que nadie jamás le hablo sobre el color, surge "un conflicto interno", no es capaz de asimilar tal acontecimiento, por lo que a pesar de ser consciente de lo que esta viendo en ese momento, esa imagen para esa persona es... Blanco y negro.

Ahora ya lo habían entendido, nadie tuvo nada que decir, o quizás si, pero prefirieron que Carlos siguiese hablando.

—Este ejemplo que os puesto, aplicado al mundo real en el que nos encontramos ahora, quiere decir que muchas de las personas con las que tratamos siguen "atrapadas" en sus mundos privados, pero que por supuesto tampoco son del todo culpables de sus actuaciones, simplemente esto viene definido dependiendo de como haya sido desarrollada su educación, sus vivencias o por supuesto su herencia transgeneracional. Por estos motivos, sobre vosotros cae la responsabilidad de corregir esto dado que en este caso concreto tu familia, (su mirada apunto al joven que permanecía expectante de su explicación). —Ellos no son capaces de somatizar el conflicto interno que tienen. Por lo tanto te toca a ti. Y si tu no hubieses sido capaz de afrontarlo, pues dicho "problema" pasaría a la siguiente generación y así sucesivamente...

A pesar del gesto de desconcierto que estaba causando en el grupo Carlos también se sentía así, ¿cómo sabia él todo eso?, ¿como era capaz de expresar esas ideas?, se preguntaba en su interior, pero la información le seguía llegando, y tenia que compartirla.

—No te entiendo Carlos... Y creo que los demás tampoco. (Dijo su madre haciendo uso de una sonrisa nerviosa).

—Si mira, el inconsciente no conoce la dualidad, por lo que todo esta conectado, es decir, todos los acontecimientos en los que nos hallamos a lo largo de nuestra existencia, crean un shock en nuestra mente, y si no reparamos eso, van a seguir apareciendo, ya que necesitan ser resueltos para que la evolución personal pueda continuar. De ahí la expresión "yo soy así", o "no se por que hago esto o aquello".

A pesar de las explicaciones que estaba aportando sentía como a pesar de esto seguían sin entenderlo.

—¡Vamos a ver!. (Carlos alzo la voz intentando que prestasen atención). —Si el abuelo por ejemplo, en su vida tuvo problemas con el alcohol, y yo soy su doble, ya que estoy en su misma polaridad, que mama... Sabes que es el caso, yo que me llamo igual que él... Pues ese problema ha llegado hasta mi, pero yo tenia dos opciones, (Carlos hizo una breve pausa), o "duplico" o "reparo" ese conflicto de familia, y como bien sabes jamás en mi vida he probado ni una gota de alcohol, ¿verdad?.

— Eso es cierto hijo, y estoy muy orgullosa de ti.

Estaba claro y sin querer Carlos había diagnosticado un problema en su familia, también percibió que para su madre, era importante también, pero no quiso seguir en esa línea de conversación, ya que este tema se abordaría en la conversación que tenia pendiente con ella en otro momento.

—Pues bien, en el caso de ellos, deben de reparar un conflicto no de ellos, ya que ni siquiera saben por que se fijaron uno en el otro, pero sus subconscientes si... Por lo que, es el momento de arrastrar a su familia, o a cualquiera que piense igual que la persona del mundo sin color, a un mundo evolucionado y corregido. Y esta es la razón por la que algunas personas con las que os cruzareis no toleraran vuestra relación. (Quiso con estas ultimas palabras poner fin a su exposición). —Por su conflicto interno, porque sin saber porque, piensan que vuestra acción esta mal.

Aprovechó esta pausa, para ir a la cocina, y beber un poco de agua, sentía la sequedad en su garganta debido a su larga exposición, y forzar de algún modo unos minutos de meditación en su familia, pero lógicamente era inevitable que aprovechando su ausencia momentánea, compartieran impresiones entre ellos. Mientras llenaba su vaso podía oír de fondo, como una voz callaba a otra, y así sucesivamente, estaban sacando sus propias conclusiones, ya que sabían que en breve, Carlos volvería a ocupar su sitio, y solo se le escucharía a él. Todos tenían algo que opinar.

—Eso que has dicho, de que por algún motivo nos fijamos de una manera diferente Miguel y yo... Es cierto. (La mujer sonrió). —Yo sabia que él era menor que yo, pero me atraía de una forma diferente al resto de los chicos con los que he podido coincidir de su edad...

—A mi me paso igual. (Añadió el joven, mientras tras un breve beso con su pareja gesto de felicidad, esperaban el razonamiento a esta actitud).

—Claro, es normal. (Respondió rápidamente Carlos, mientras se acomodaba de nuevo en aquella estropeada silla de plástico, y continuo).

—Mirar, en el caso de Miguel el pensara que fue tu belleza, tu físico, o buscara algún razonamiento lógico para que su cerebro resuelva esta duda, ¡Pero!, la realidad no es esa, su inconsciente sabia lo que el necesitaba incluir en su vida, por lo que reclamaba una pareja emocionalmente estable, con la suficiente madurez que fuese capaz de apoyarlo en su desarrollo personal, y tu Laura, (La mujer inclino su cuerpo hacia delante, intentando crear mas cercanía con la intención de recibir esa información de forma absoluta). —Es tu necesidad de paliar el instinto maternal y tomar el control de la situación, debido a inseguridad que sientes, causada por algún episodio de tu vida en la cual despertó esta sensación. Si mezclamos estas emociones... El resultado es esta bonita relación.

Nadie se cambio de postura, todos permanecían callados, a pesar de que Carlos también era participe de este silencio, todas las miradas le apuntaban a él. Incluso llego a pensar si algo de lo dicho les había molestado a alguno de los presentes, pero su intención no era esa. Por lo que se vio en la obligación de romper el misterio.

—¿Tengo razón verdad?. (No quería decir eso pensó, pero estaba tan seguro de sus palabras que inevitablemente hizo esa pregunta).

—Si, por supuesto que tienes razón. (Afirmo Miguel, lo que alivio en gran medida el sentimiento de culpa de Carlos). —Además hay algo que no sabes, yo siempre he querido ser diseñador de coches de carreras. (La sonrisa compartida entre el joven y su pareja, les hacia cómplices de este acto, que de momento todos desconocían). —Pues justo al día siguiente de hablar con mi familia, me volví a matricular en el curso. Voy a conseguirlo, me siento libre.

—Muy bien, ten en cuenta que has sido capaz de destruir una gran muralla que te obstruía en tu camino, desde ahora y por supuesto, con el apoyo incondicional que demuestra Laura, podrás conseguir todo lo que te propongas.

El joven Miguel se levanto, impulsado por el agradecimiento y respeto que sentía hacia Carlos con la intención de demostrarle sus emociones, lo abrazo fuertemente, a lo que Carlos le correspondió. El gesto duro unos segundos, mientras mantenían aquella postura, el joven quiso dejar un mensaje en Carlos, acercándose a su oído para que solo él fuera participe de sus palabras bajo el tono para decirle: "Te dedicare mi éxito".

Ya de vuelta a sus asientos, y tras aquella emocionante escena, Carlos se percato del brillo en los ojos de todos, por lo que no quiso dramatizar mas, y cambio el tema, este asunto ya estaba solucionado.

—Mañana es mi ultimo día. (todos sabían a que se refería con esa afirmación).

—¿Estas nervioso?.

—Hombre Mama pues un poco, no se... (Respondió Carlos, mientras sonreía a pesar de la duda que le hizo sentir la cuestión). —Es algo que tengo que hacer, pero llevo tanto tiempo encerrado allí, que ahora me siento extraño, soy consciente de que me tendré que acostumbrar a mi nueva vida, pero no creo que tarde mucho. (Dijo carcajeándose).

—¿Qué es lo primero que vas a hacer al día siguiente?. (Le pregunto su hermana consciente de que hasta ese día, siempre se quejaba de los asuntos que no le permitía resolver su trabajo).

—¡Jugar a la videoconsola!. (Dijo irónicamente, lo que ocasiono una risa general). —Bueno ya enserio... (Por un momento quiso compartir con todos la cita que iba a tener con aquel directivo que quería hablar con él, incluso pensó en contarles sus encuentros con su gran amigo Leo, pero opto por finalizar el asunto de una forma discreta). —Voy a aprovechar para solucionar algunos asuntos que tengo a medio, y desde ese día empezare a escribir mi libro.

—¿Y sabes ya de que va a tratar?. (Pregunto el padre de Carlos que había permanecido en silencio en todas las conversaciones, por lo que todos, se sorprendieron por esta intervención).

—Pues la verdad es que no. (Hizo una breve pausa, con la intención de pensar algún argumento rápidamente, pero en vez de eso, su atención se centro en la intervención de su padre, el nunca hablaba en las largas charlas que se creaban, se mantenía al margen, pero a pesar de eso Carlos sabia que participaba activamente en las juntas, pero a su modo, era consciente de que aquel hombre de actitud seria, fría, con palabras tajante, que detrás de aquel rol de estricto, y poco amistoso, se escondía una persona totalmente diferente a lo que quería hacer creer al resto del mundo, y Carlos lo sabia, por supuesto era totalmente diferente a su madre, pero era el momento de dedicarle unas palabras).

—Papa... Tu me has enseñado todas las cosas que para mi han sido importantes. Tu me enseñaste a conducir, ¿te acuerdas?.

Carlos era consciente que tratar este tema delante del todas aquellas personas haría despertar la sensibilidad de aquel frío hombre, pero era el momento de decírselo, por todas las veces que no se atrevió anteriormente, ya que por su actitud le costaba mucho abrirse a él.

—Si hijo claro que me acuerdo, íbamos los sábados, hasta que empezaron a edificar en aquel descampado. (A pesar de la sonrisa que expresaba, sus ojos empezaron a cristalizarse).

—También me enseñaste a nadar, a montar en bicicleta, te debo mucho Papa. Tus consejos, tus largos monólogos sobre la vida, que de niño me contabas sentado en mi cama, hoy... Aun os recuerdo.

El hombre trago con fuerza evitando así que esa gran bola de lagrimas llegase hasta sus ojos. No podía permitirse llorar.

—A pesar de los años que han pasado... Sigo echando en falta "tus cuentos" Papa. (Tanto Carlos como su padre, inevitablemente rompieron a llorar, por supuesto de una forma lo mas discreta posible, sus manos ocultaban sus ojos, pero todos sabían que estaba pasando, se mantuvieron al margen de esta conversación privada). —Recuerdo la gran imaginación que tenias para cada noche de mi infancia inventar una nueva aventura en la que los protagonistas principales siempre éramos tu y yo. (De nuevo, las lagrimas pausaron sus palabras).

—¡Es que no te dormías de otra forma!.

Alzo la voz en un intento de frenar su emoción, pero le resultaba bastante complicado, ya que aquellos recuerdos estaban escarbando en su mas profundo sensibilidad, Carlos era consciente de la incomodidad que le estaba causando por lo que quiso decirle una ultima cosa, y de ese modo terminar la conversación.

—Papa... Hoy te juro que algún día, y no falta mucho, tu y yo vamos a hacer aquello con lo que soñábamos cuando era pequeño... (Tenia claro que sabia a que se refería). —Iremos a cazar juntos, que se que aun te gusta.

Durante unos segundos y mientras miraba fijamente aquel rostro castigado por la edad, y las circunstancias sufridas a lo largo de su vida, mentalmente ambos se situaron años atrás, esperando debajo de aquellos altos árboles, esperando a que algún pequeño animal se posara para intentar cazarlo, pero siempre turnándose el arma, ya que debido al estado económico de esa época, no podían permitirse el tener una cada uno, a pesar de que, su gran ilusión era esa.

El momento de la comida no se hizo esperar mucho, ya que aquel agrupamiento había ocupado gran parte de la mañana. Todo transcurrió en armonía, ese sitio era el lugar de recreo de todas esas personas, durante esos domingo al aire libre, dejaba atrás la ciudad, y las cargas que arrastraban en sus vidas, el lugar emanaba tranquilidad. Lidia por supuesto no veía el momento de marcharse, a pesar de las llamadas insistentes de sus padres, pero siempre quedaba un ultimo juego que compartir con los demás niños, al igual que su hermana Sandra, que seguía manteniendo una acalorada conversación con sus amistades, por lo que tampoco podía abandonar ese momento. La tarde fue cayendo, incluso la noche empezó a hacer presencia, y aun seguían allí, en el fondo no querían que los niños dejaran de jugar, ya que ellos mientras tanto, ellos conversaban y recuperaban fuerzas para enfrentarse a la semana que volvía a empezar. Pero ya sin mas demora, a pesar de a ver intentado alargar todo lo posible el día, tuvieron que partir.

Ya en casa, Raquel preparo algo "suave" de cena, como ella solía llamar a cuando prácticamente tan solo se sentaban a la mesa para tomar algo rápido, y no acostarse con el estomago vació, ya que durante todo el día habían estado haciendo varios piscolabis. Debido al cansancio acumulado por todas las emociones experimentadas, las niñas fueron las primeras en abandonar el salón, dirigiéndose rápidamente a sus correspondientes habitaciones. Dejando a sus padres en una profunda intimidad, ya que ni la televisión esa noche estaba encendida.

—¿Cómo estas?

—Bien nena, pensando en mañana a ver que pasa... (Raquel indicaba con su mano a Carlos que bajase la voz, ya que su risa podría despertar sus hijas).

—Parecía que no iba a llegar nunca este momento. (Ambos asintieron con la cabeza).

—Bueno nena, estamos cansados, ¿nos acostamos ya?. (Pregunto Carlos mientras se levantaba intentando forzar a una respuesta positiva su pregunta).

—Si vamos.

A pesar del cansancio que sentía Carlos, algo estaba perturbando su sueño otra vez, aprovecho el momento de la oscuridad de aquella habitación, y la ausencia de ruidos para centrarse en sus pensamientos, ya que al día siguiente, oficialmente y ya puesto en conocimiento de todos, daría comienzo una nueva vida. Reflexiono sobre todos los acontecimientos que habían tenido lugar hasta ese momento, pensó sobre lo rápido que estaba pasando todo, desde que tomo la decisión, ¿y Leo?, tenia muchísima curiosidad en saber mas cosas de él, a pesar de tantas y tan largas conversaciones, no sabia nada en absoluto sobre ese hombre, sobre su vida, nada. Pero si tenia claro, que era un ídolo para él, un ejemplo a seguir, y que si se encontraba en este punto, había sido en gran parte por sus palabras, su perspectiva de ver las cosas, había cambiado totalmente su forma de afrontar el mundo, es como si se hubiese desbloqueado algo dentro de su mente. Carlos empezó a reflexionar sobre lo difícil que le había resultado tomar la decisión, y empezó a darse cuenta, que la mayoría de las personas viven atrapados en ese tipo de mundo que él también habitaba, siempre esperando el momento perfecto, el día del cambio, poder marcar en su calendario, con un circulo un día concreto, algo que recordar y contar, ahora se sentía en la obligación de invitar a todo aquel que quisiera formar parte de su nueva realidad, sintió una profunda pena al pensar en todas aquellas personas esclavas de una vida infringida por los demás, por "el que dirán", ya que era consciente de lo agónico que era sentirse incomprendido. Pero todo estaba dando el giro que tanto reclamaba su alma. Una nueva versión de Carlos, se mostraba al mundo, estaba preparado para enfrentarse a todos aquellos que nunca esperaron nada de él, los que pacientemente esperaban su rotundo fracaso, para decir "te lo dije", pero pese a esto, no sentía odio hacia ellos, ya que todos los participes, en la espera de su derrota, también eran victimas de algunas consecuencias a las que Carlos estaría dispuesto a ayudarles, a que encontraran su camino, a guiarles en la búsqueda de ellos mismos, como su gran amigo Leo había hecho con él. Ya que su intención, siempre había sido, la de crear un mundo mejor.

Vencido al fin por la somnolencia, puso fin al largo día.

Ultimo día

Por ultima vez el despertador anunciaba el comienzo de su jornada en su actual trabajo. El día ya resonaba diferente, el café sabia distinto, a pesar de estar todo en el mismo sitio, algo era no era como siempre, estaba claro que lo desigual, ahora era él. Durante unos momentos dudo si ir a trabajar en moto o andando, pero quiso cumplir con su rutina, por lo que arranco su moto y emprendió su camino. A su paso, encontraba a las mismas personas, las mismas situaciones que durante tanto tiempo habían formado parte de sus mañanas, sentía una mezcla de emociones que no le dejaron disfrutar de este momento único, la sensación de libertad, y la incertidumbre del desenlace del día. A pesar de la brevedad del viaje, recordó la primera vez que hizo este mismo recorrido, cargado de motivación y alegría, era su comienzo en su nuevo trabajo, una nueva oportunidad de vivir en paz, de ser aceptado socialmente en su entorno, y al que hoy le estaba poniendo fin. Ya estaba allí.

Aun sentado sobre su moto, justo detrás suyo, permanecía aquella enorme tienda de ropa, que desde mañana sufriría su ausencia. Aun quedaban unos minutos para la hora de entrar por lo que pensó en llamar al Sr.Oliveira, o Marcos, como le había autorizado para que se dirigiera a él, pero no le pareció buen momento pensó que era demasiado temprano, por lo que encendió un cigarro y espero la llegada de sus compañeros.

—¡Hola Carlos!.

—Hola chicos.

Parece ser que habían quedado para desayunar todos juntos esa mañana, justo en mi ultimo día, le pareció sospechosamente extraño, ya era muy poco habitual entre ellos, dado que cada uno vivía muy alejado de otro, y normalmente nunca llegaban a la misma hora. Ya que no encontró explicación para justificar aquella agrupación, quiso resolver sus dudas y decidió preguntar.

—¿De donde venís todos juntos?, (acompaño una sonrisa a su cuestión para mostrar desinterés).

—De desayunar.

(Vamos a ver, eso ya me lo imaginaba), pensó Carlos, pero dándose cuenta de las sonrisas de complicidad que surgían en algunos de ellos no quiso seguir indagando.

—Y bueno... Hoy es tu ultimo día ¿no?. (Ahora si que estaba claro que escondían algo, todos sabían que hoy terminaba, por lo que esa pregunta pretendía desviar su atención).

—Efectivamente hoy se acabo. (Por fin). —Venga voy a abrir ya que es la hora. (Dijo mientras bajaba de su moto, y se dirigía hacia la gran persiana metálica que cada día el se encargaba de subir).

Como cada día se iniciaba el protocolo de actuación en aquel establecimiento, siempre pasaba lo mismo, los trabajadores depositaban sus objetos personales en aquel armario detrás del mostrador, dedicaban unos minutos a enseñarse algunos modelos de ropa que se vendían allí, y acto seguido, cada cual procedía a sus tareas. Sin sentir obligación ninguna, y a pesar de ser sus ultimas horas, Carlos quiso proceder de igual modo que los días anteriores, a pesar de que Hugo no le dirigió una palabra en toda la mañana, suponía que estaba enfadado con él, ya que trabajaría mejor o peor, pero sabia que era una persona de confianza, con el que podía contar para lo que necesitara, y supuso que su forma de decirle "te voy a echar de menos" era así. No dejo un cliente sin atender, ni una prenda por el suelo, intento mantener la tienda en las mejores condiciones posibles, trato de hablar a solas con todos sus compañeros uno a uno, pero dejando en ultimo lugar a alguien que merecía una despedida especial.

—Cesar... ¿Cómo vas?.

—Hola Carlos, pues bien, aquí voy, a ver si termino de arreglar esta mesa, y me bajo a la zona de niño que esta hecha un desastre. (En su tono de voz, Carlos se percato del estado emocional en que su compañero se encontraba, por lo que decidió interesarse).

—¿Te pasa algo?. (Mantuvo su mirada fija en él intentando analizar que le ocurría).

—Nada, no pasa nada... (Sus ojos se desviaron de la mirada de Carlos, señalando nuevamente hacia aquella desordenada mesa).

Estaba claro que aquel chico estaba reclamando ayuda, algo le estaba atormentando, eran demasiadas horas juntos por lo que era difícil esconder, o intentar engañar a los compañeros, habían llegado a ser como una familia a pesar de todo, de hecho en ningún momento le había comentado nada con referencia a su "ultimo día", cosa que los demás le estaban haciendo continuamente, ya que era la novedad, y un nuevo tema de conversación entre ellos. Precisamente él, que tantas dificultades le había hecho pasar, por su culpa tuvo algunos momentos en los que Carlos sintió la necesidad de abandonar este lugar, los continuos ataques y desprecios que recibía de esta persona, casi lo hacen hundirse, incluso llego a pensar de verdad no valía para este trabajo, era el culpable de tantas discursiones con su mujer, ya que la única forma de desatar su furia incontrolada era en casa, lo que ocasionaba que tras esa absurda acción, fuese invadido por una tremenda sensación de arrepentimiento. Pero hoy, era consciente de lo mucho que le debía a su compañero, ya que él, y sin saber porque, fue el mensajero en la vida de Carlos, que empezó a mostrarle que realmente y por mas que quisiera convencerse de lo contrario este no era su lugar, su sitio, no debía estar allí. Si Cesar no hubiese existido, si el sueldo que pagaban fuera generoso, si el horario fuese totalmente adaptado a cada empleado, el sueño de Carlos habría sido enterrado con él. Y hoy, no tendría la necesidad de cambio, dado que tanta comodidad le habría hecho no molestarse en buscar algo mejor. Por lo tanto, se lo debía.

—Cesar dime que te pasa hombre, no quisiera irme y recordarte así, tu siempre a sido un tío fuerte... ¿A que si?. (Ambos rieron, debido al tono sarcástico de la pregunta. Sabían a que se refería, ya que siempre había sido el que rectificaba a todo el mundo, a través de su apariencia de superior).

—¡Si es que la culpa la tienes tu!. (A pesar de su carcajada, Carlos noto que ese gesto estaba forzado, realmente no tenia la culpa de nada, por lo que le acompaño en su actuación). —Es que ahora que te vas me doy cuenta de lo triste que es mi vida...

Quedo muy sorprendido al recibir esa conclusión de su compañero, en esos momentos no era capaz de entender a que estaba haciendo referencia.

—No te entiendo, (frunció el ceño). — ¿Pero que tiene que ver que yo me vaya?, (con tu vida, pensó).

Era cierto que en este instante se sentía totalmente perdido.

—Tu sabes el esfuerzo que nos cuesta a todos venir cada día, estar aquí, sacrificar todo nuestro tiempo... Lo hemos hablado muchas veces.

—Si claro, creo que es el tema por excelencia del personal. (Intento suavizar un poco el tema aportando algo de humor, pero no resulto, su compañero seguía lamentándose).

—Pero cuando empecé a escuchar que te habías despedido, no me lo creía, pensaba que seria un "enfado" que te dio, y que mas tarde retirarías esta decisión, pero cada día veía como seguías adelante con tu idea, y yo tengo que seguir aquí, en esta mierda de trabajo... La verdad es que lo ultimo que hubiese imaginado, es que alguna vez te atrevieras a dar el paso que has dado, (realmente estaba dolido, sus palabras eran amargas). — Yo me veía muy reflejado en ti... Sabia que los dos vivíamos una vida que no queríamos, era como un castigo, yo pensaba que si tu aguantabas esto, yo también debía de hacerlo, ya que no era el único que estaba en ese estado, pero ahora tu vas, empiezas una nueva vida, por lo que ahora me doy cuenta que no soy feliz...

—Pero vamos a ver. ¿Y por que no te vas también?. (Ya podía imaginar a la respuesta que recibiría, esta conversación venia de antaño).

—¡Ya lo que faltaba!.

—¿Lo que faltaba para que?.

—¡Para la catástrofe total! Carlos, (detuvo por un instante sus palabras, para recuperar aliento y continuo). —Tengo problemas en casa, con mi mujer, noto como se esta distanciando de mi, ya incluso creo que...

—Haber para un momento.

Le interrumpió de una forma brusca intentando anticiparse a sus conclusión ya que lo que venia a continuación, seguro no la realidad.

—Bueno Cesar todo el mundo tiene problemas en casa eso es normal, pero son épocas, hay tiempo mejores y...

—Tengo problemas con el juego Carlos.

(¡Maldita sea! ¿pero por que me tiene que pasar esto en mi ultimo día!), pensó Carlos mientras que miraba de una forma diferente a ese hombre, victima del gran dolor emocional que sentía, consecuencia de su problema. De algún modo, noto que su compañero no tenía intención de hacer esta confesión, pero irremediablemente, ya había hecho a Carlos participe en el asunto, pero le resulto un tema tan delicado que no quiso precipitarse en sus comentarios.

—¿Pero hace mucho tiempo que tienes ese "problema"?.

—Pues unos seis meses mas o menos, (los ojos de Cesar se movieron hacia arriba con la intención de visualizar con mas claridad la fecha).

—¿Paso algo concreto hace seis meses?, (la intención de Carlos era saber si en aquel tiempo, inicio de lo que hoy es una adicción por algún acontecimiento concreto en su vida, algo que le hubiese marcado).

—No Carlos, en realidad no recuerdo que haya pasado nada... (Como si acabara de recibir un golpe en su cabeza, este la sacudió de un lado a otro, intentando de alguna forma evitar el pensamiento que acababa de recibir). —La verdad es que si paso algo...

La intención de Carlos era seguir escuchando a su compañero, pero no debían olvidar donde se encontraban, y aunque a él ya le daba igual que le llamaran la atención por estar hablando, no quería que

240

Cesar tuviese problemas, por lo que intento cambiar la escena.

—Escúchame, no es por interrumpirte pero ya llevamos un rato aquí, y se esta notando mucho, de hecho Hugo no para de mirarnos, en cinco minutos te veo en la zona de abajo y seguimos hablando, ¿de acuerdo?.

—De acuerdo.

Ambos hombres emprendieron recorridos diferentes, con intención de dejar de ser el centro de atención, pero minutos mas tarde volverían a reagruparse, lejos del control de su encargado. Casi de manera inmediata Carlos bajo al punto de reunión, esperando allí a su compañero, en estos pocos minutos que tardo en hacer acto de presencia, tuvo tiempo de reflexionar sobre lo que le estaba contando su compañero, pero necesitaba conocer algún dato mas.

—Por donde íbamos.

—Me estabas contando que sucedió hace seis meses, que dio lugar a que empezaras a...

—Si si... (Cesar no quería ni oír esa palabra"Juego", lo que ya demostraba, que no lo hacia por gusto, sino que era una acto de rebeldía incontrolado por algún detonante anterior).

—Pues recuerdo que al terminar de trabajar aquí, y mientras me dirigía a mi coche se me ocurrió mirar mi teléfono, y tenia un muchas llamadas perdidas, ya que como bien sabes no podemos llevar el móvil encima.

—Si lo se...(Respondió Carlos).

—Pues todas eran de mi mujer, tenia claro que algo no iba bien, me asuste bastante la verdad, de que pude hablar con ella pensé de todo...

—Me lo puedo imaginar. (Suspiro, muestra de la preocupación que era consciente sufriría en aquel momento).

—Pues resulta, que tuvo un accidente con el coche volviendo a casa, no fue nada muy grave pero la mujer se agobio mucho, ya que recibió un fuerte golpe por detrás, lo que ocasiono que se diera en la cabeza con el volante, y el impacto le partió la ceja.

—¿Fue grave?. (Pregunto Carlos con preocupación).

—Que va, solo fue una herida superficial, pero ya sabes que la sangre es muy "escandalosa", y entro en pánico, de ahí que me llamara tanto, pero yo no puede atenderla. (Las palabras de amargura cristalizaron los ojos de aquel hombre). —La llevaron al hospital y cuando llegue, todo había pasado, si yo... (Carlos le interrumpió)

—Espera un momento. (Ahora empezaba a entender que pasaba, pero aun no llevaba a entender como surgió el primer contacto con las maquinas). —¿Pero por que empezaste a jugar?. (Trataba de no ser muy directo, pero era la única forma).

—Por eso los días sucesivos, en todo momento no podía dejar de pensar en si estaba pasando algo, y ante la imposibilidad de mirar el móvil, me creaba muchísima tensión, era un infierno, y cuando llegaba a casa... Buscaba cualquier excusa para discutir con mi mujer, necesitaba soltar mi furia, era consciente de que ella no tenia la culpa de nada, pero yo perdía el control, (Carlos asentía con la cabeza, muestra de interés por sus palabras). —Hasta que un día me di cuenta de lo mal que lo estaba haciendo, y decidí que antes de llegar a casa evadirme un poco, mi finalidad era la de no arrastrar mi rabia hasta mi casa, por lo que, cada día durante unos quince minutos, entraba a un salón de juegos y tomaba un refresco.

—Bueno, pero hasta ahí no esta tan mal... (Intento apaciguar el dolor de ese hombre).

—No si el problema vino después, cada vez el sentimiento de culpabilidad crecía Carlos, era algo increíble, cada día necesitaba estar mas tiempo en aquel salón, ya no bastaba con tomarme algo, por lo que una de las vueltas que me devolvieron, cuando pagué mi consumición, se lo eche a una maquina que tenia detrás de mi.

—Ya... (No era necesario que le contara mas). —Y esa sensación si te agradaba, ¿verdad?.

—Si Carlos, mucho, conseguida llegar a casa muy tranquilo, incluso compartía con mi mujer las cosas que me habían pasado en el día, pero llego un momento que sin darme cuenta había perdido el control otra vez, pedía adelantos, y cada vez que ganaba volvía a echarlo. Y ahora... He entrado en un circulo vicioso, del cual no se como voy a salir, porque cada vez que piso ¡esta puta tienda!, me acuerdo de aquellos momentos, en lo que por su culpa no pude ayudarla, y mi única forma de escapar de esos recuerdos es así... Jugando. (La mano de Cesar limpiaba las lagrima que inevitablemente habían escapado de sus ojos). —Por eso, no puedo dejar este trabajo, he acumulado mucha deuda y necesito el dinero.

Carlos era consciente de la situación de su compañero, pero hoy era su ultimo día allí, pensó que si no se marchara quizás, a base de hablarle, podría hacerle ver las cosas de otra manera, incluso ayudarle a desviar su atención sobre su adicción, pero ya no disponía del tiempo necesario. "¿Seria esta su ultima misión allí?", pensó, si no intentaba al menos ayudar de algún modo, a ese hombre, lo recordaría para siempre, pese a todo, había sido su compañero durante mucho tiempo atrás.

—Cesar... (La mano de Carlos se poso sobre el hombro de su amigo). —Se por lo que estas pasado. ¿Si pudieses salir de aquí?.

—¡Seria lo solución!, necesito empezar desde cero, como has hecho tu, ¡¿me entiendes ahora?!, necesito dejar atrás esos recuerdos, pero cada día este lugar me hace recordarlo. Necesito recuperar a mi mujer, ella piensa que ya no la quiero o yo que se.

—Claro que te entiendo, perfectamente. (Contesto Carlos con resignación, su mente buscaba como poder aportarle una solución, tras unos segundos de silencio, Carlos sonrió).

—Ya se lo que vamos a hacer... (Sabia que su sonrisa estaba desconcentrando a su compañero).

Su gesto le trasmitía algo de esperanza, estaba claro que no sabia los planes de Carlos, incluso ni el mismo tenia total convicción de que su idea fuese a resultar bien, pero al menos lo intentaría. No tenia mas opciones.

—¿Pero qué vamos a hacer?. (Pregunto el chico ansioso).

—Mañana por la noche cuando salgas te espero un poco mas adelante, no quiero que vuelvan a verme por aquí, y volvemos a hablar. ¿De acuerdo?. (Alargo la mano, para que su compañero se la estrechara, era su modo de confirmar que ese día, a esa hora cumpliría con su cita).

—Allí estaré. Te esperare. ¿Pero que vamos a hacer?.

—Ya lo veras... (Carlos abandono su actual posición para evitar alargar mas la conversación).

Aun quedaban casi dos horas para terminar la mañana, pero no le importaba mucho, el momento final se acercaba. Algunos clientes habituales a los que Carlos les había informado de su partida, no tardaron en hacer aparición para despedirse de él, los momentos fueron muy emotivos con cada uno de ellos, todos le mostraban su agradecimiento por lo bien que siempre les había atendido, y la satisfactoria atención que recibían siempre por su parte. Entre despidos y breves conversaciones con el personal, la mañana estaba llegando a su fin, pensó que ahora si seria buen momento para llamar al Sr. Marcos Oliveira y así lo hizo. Como norma nadie podía salir de la tienda sin previa autorización de su correspondiente encargado, pero este dato a Carlos ya le daba igual, que era lo peor que podría pasar, ¿qué lo despidieran?, ya lo estaba, por lo que sin mas demora, salió por la puerta principal, y sentándose en un pequeño escalón de uno de los escaparates, se dispuso a realizar la llamada.

—¿Si dígame? . (Otra vez aquella voz de mujer descolgaba el teléfono).

—Buenos días, por favor quisiera hablar con el Sr. Oliveira.

—¿De Parte de quien?.

—Carlos Nicolás.

—Un momento por favor, le paso.

Acompañado de una melodía de fondo que sonaba con la intención de hacer mas amena la espera, Carlos se incorporo, se estaba poniendo nervioso, estaba tardando mucho.

—¡Hombre Carlos!.

—Hola Marcos, ¿todo bien?. (Quiso parece gentil).

—Si todo en orden. ¿Y tu que tal?.

—Pues bien gracias, es que bueno... Como habíamos hablado pues... Yo le llamaba para ver si mañana era un buen día para poder vernos, si usted puede claro.

—Carlos que no me llames de usted, por favor. (Daba la sensación de que realmente le molestaba que se dirigiese a él de ese modo). —Si por supuesto nos vemos a las nueve en mi despacho, tienes la dirección en la tarjeta que te di, pero te mando un mensaje al móvil por si la has perdido, hasta mañana entonces. (El hombre parecía ocupado, pero ya estaba todo dicho).

Colgó su teléfono, y entro nuevamente en la tienda, tan solo era cuestión de esperar unos minutos, y mañana terminada.

La megafonía anunciando el cierre no se hizo esperar mucho, era el momento de hacer una pausa, y regresar mas tarde. Arranco su moto y puso rumbo a su casa.

—¿A ver que comemos hoy?. (Pensó, mientras asomaba la cabeza en el frigorífico, y sus ojos recorrían las lejas).

Intentaba encontrar algo que no necesitara de mucha elaboración por su parte. Dado que no estaba muy lucido para pensar, opto por cocer un poco de pasta, eso era rápido y no le entretendría mucho, siempre recurría a esta comida, era lo mejor que sabia hacer. Necesitaba dedicarse unos minutos de reflexión, hoy estaba en el ultimo día de una fase anterior, y necesitaba no dejarlo pasar como los anteriores.

Mientras se escuchaba el sonido de la ebullición del agua al fondo, Carlos permanecía sentado en su lado del sofá, su cuerpo descansaba pero su cabeza no, llegados a este punto, ya no había retorno, a pesar de todo, aun le quedaban algunos ápices de duda, de que si su decisión había sido la correcta, o por el contrario tendría que haberse conformado con la vida que le había tocado vivir, echar tierra encima de sus sueños y enterrarlos para siempre, pero mientras hacia estas reflexiones, su puño derecho se cerro con fuerza.

Carlos sorprendido ante la actuación espontánea de su mano, ya que era su gesto de recordar que no se rindiera, la volvió a su estado anterior, pero la sensación de motivación, de necesidad de lucha, inundaban su cuerpo, en su mente surgieron las imágenes de su familia dándole apoyo, la sonrisa de su gran amigo Leo, su mujer, su sueño, su nueva vida... Esta sensación había interrumpido las dudas que le estaban creando sus pensamientos anteriores. Era como si ya no pudiese luchar en contra de su destino, como si alguien le estuviera vigilando el cual no consentiría que llegados hasta este punto, Carlos se rindiera.

—Holaaa.... (Un largo saludo de Raquel anunciaba que ya estaban en casa, a lo que las niñas la imitaron).

—¿Todo bien?, (pregunto Carlos de una forma general).

—Si Papa. (La pequeña lidia contesto en representación de todos mientras esperaba que se sirviera la comida, se dirigió al sofá con la intención de ver sus dibujos animados favoritos).

La comida transcurrió en una armonía total, de fondo se escuchaban las voces de los personajes de la serie favorita de la pequeña, y tanto ella como Sandra, intentaban verlo mientras permanecían en la mesa).

—Bueno nena, ¿tu como vas?, hace tiempo que no me cuentas nada de tu tienda. (Carlos era consciente de que hacia mucho tiempo que no le preguntaba sobre ese tema, pero ella tampoco se lo mencionaba).

—La verdad es que si, (dijo sonriendo la mujer), pero últimamente se que estas atravesando un momento difícil para ti, y no he querido molestarte.

—¡Que va no te preocupes!, yo estoy bien, tu tranquila por eso, ¿como van las ventas por allí?. (Daba por hecho que bien, ya que si no a pesar de ser el protagonista de la ultima semana, habría encontrado un hueco para comentárselo).

—Pues muy bien la verdad. (Confirmo los pensamientos de su marido, pero algo traía ese todo de voz con que le respondió que no acompañaba a esas palabras de una forma alegre).

—¿Pasa algo?.

El silencio duro unos segundos, pero al final Raquel tuvo que contestar.

—Nene, te acuerdas la figura aquella que me regalaste, "el sol de los negocios", (la risa de su mujer hizo que Carlos la imitara).

—Si claro que me acuerdo... (Empezó a recordar toda la parafernalia que tuvo que hacer, para que en su momento le ayudara a combatir aquellos catastróficos momentos). —Funciona bien, ¿verdad?.

—Pues la verdad es que no. (No dejo espacio entre su palabras para la intervención de Carlos). —Es que paso algo interesante... a la semana siguiente, mas o menos, yo estaba totalmente confiada en lo que tu me dijiste, que le pidiese a la figura, prosperidad, éxito, y sobre todo que me proyectara en lo que deseaba que pasara... Bueno ya sabes, (Raquel sonreía mientras hablaba). —Y yo me imaginaba la tienda llena de clientes, sin parar de atenderlos, corriendo de un sitio a otro.

—Claro nena, muy bien.

—Si espera, y sabes, que lo que yo me había imaginado, empezó a pasar, ya te lo dije, que todo estaba mejorando mucho, pero lo que no te dije... Es que sin querer, y debido a la afluencia de clientes, y que estoy yo sola, en unos de mi salidas del mostrador para atender, sin darme cuenta le di con el brazo al "sol"... (La mujer hizo una pausa). —Cayéndose al suelo, haciéndose pedazos. (El gesto de Raquel se volvió serio, la sensación de aquel momento estaba en su mente otra vez).

—¿Por qué no me lo dijiste?. (Dijo Carlos sorprendido). —Te hubiese traído otro.

—No tranquilo, ya no lo necesito, de hecho... ¡Me parecía horroroso!. (Ambos rieron). —En ese momento, me di cuenta de que no necesitaba la ayuda de esa figura para mejorar las cosas, necesitaba cambiar mi forma de pensar, esa fue la clave.

—Lo entiendes ahora, ¿a que si?.

—Si Carlos, claro que lo entiendo, y te lo agradezco.

—Todas las personas tienen un gran potencial dentro nena, pero casi nunca son capaces exteriorizar por si solos esta habilidad, y cuando un agente externo interviene, como "tu sol" ya todo es posible... Creen que no han sido ellos, si no que esa "ayuda", el objeto, o la creencia que sea, es lo que atrae a sus vidas lo que ellos necesitan, todo aquello bueno que les pasa, se debe a esa "fuerza superior", de ahí viene la necesidad de las personas a creer en ídolos, asociarse a grupos de colectivos, o justificar su cambio de vida a objetos. Y realmente son sus pensamientos, su forma de pensar, sus hábitos, la forma de expresarse, todo esto es lo que escribe el siguiente paso.

Dada la importancia que las hijas de estos pensaron que tenia la conversación, se fueron al sofá, no querían interrumpir ni que ellos tampoco les interfirieran en su programación. Lo que ocasiono que perdieran el foco de atención sobre la conversación, de todas formas, ya estaba claro.

—Solo te queda esta tarde. (Afirmo Raquel).

—Si, solo esta tarde las ultimas cinco horas. (al fin).

Sin mucho vacilar, decidió que hoy no iría en moto a trabajar, ya que seria la única forma de alargar al máximo la sensación de libertad, se lo merecía. Con paso firme pero lento, comenzó su camino hacia la tienda, intentado anticiparse a los eventos que acontecerían esa tarde, ya que en una horas, resolvería la duda de si realmente van a ser capaces, de no preparar una documentación de despido en condiciones, si le pagarían lo que le pertenece, dado que nunca había disfrutado de vacaciones, mientras los demás se iban y venían, Carlos seguía en su puesto, cubriendo al que marchaba, ahora era el momento de agradecérselo. Aunque le resultaba muy fácil saber que pasaría, y precisamente la resolución no seria la mejor para él, tenia la esperanza de que al menos fuesen un poco legales, ya que se lo debían.

Inusualmente, la calle se encontraba vacía, quizás a estado así siempre a esta hora, la verdad es que nunca antes se había fijado como lo estaba haciendo esa tarde, con las escasas personas con las que se cruzaba, Carlos sentía que sus miradas iban dirigidas a él, —¿Por qué todo el mundo me mira?, pensó, ¿quizás notaran que hoy soy diferente a ellos?, algunas de las personas que se encontraba era habituales de esa hora, pero su vibración era diferente. Tras unos pocos minutos de caminata, justo en frente suyo, la gran puerta metálica hacia su función, mientras se recogía en su parte superior, Carlos a modo de caricia sintió el frió hierro en su mano. —Hoy seria la ultima vez que te veo subir, pensaba mientras se disponía a entrar. La tarde oficialmente daba comienzo.

Por mucho que intentaba evadirse, y no estar pendiente de la hora le era imposible, en esta ocasión parecía que el tiempo corría demasiado rápido, tenia la sensación que todas las veces que anteriormente el

250

tiempo se había detenido, lo estaba recuperando ahora, esta tarde, la afluencia de clientes era como de costumbre, pero ya le daba igual, ya no era su problema, ni si las prendas estaban por el suelo, si los modelos estaban ordenados, ahora tenia que enfrentar nuevos desafíos. Tenia que demostrarse a el mismo, que era capaz, que no importaba lo que hubiese pasando antes, que lo importante era que hacer al respecto. Tan solo quedaba una hora para empezar su desafió, su nueva vida. Sin poder evitarlo a lo largo de la tarde, observo a Cesar, ya le era imposible quitárselo de la cabeza, ese hombre lo estaba pasando mal de verdad, todos los demás compañeros siempre se andaban quejando de lo mismos que todos, horario, sueldo, exceso de trabajo, lo de siempre, pero él, tenia un motivo que arrastraba cada día. Aprovechando el vació que hubo en el establecimiento, y dado que casi ya el reloj rozaba la hora de cierre, quiso ir al aseo, con la intención de dejar su huella para siempre. Buscando alguna herramienta que le permitiese rayar la paredes de escayola, que envolvían aquella estrecha habitación, encontró un trozo de plástico duro, seguramente parte de alguna percha o algo por el estilo, no puedo identificar bien su procedencia, pero era válido, con pulso firme justo a unos centímetros del interruptor de la luz que permanecía a la derecha de la puerta de entrada, escribió: *"CARLOS"*, así todo el mundo, en algún momento lo recordaría, y su esencia siempre estaría en aquel lugar. A los que lo conocían, sabrían que el fue capaz de enfrentarse a sus miedos, que aquel tipo que se llamaba Carlos, un día decidió cambiar su vida, con la esperanza de que ellos en algún momento también lo hicieran. Y a los que no coincidieron con el, pero al leer su nombre en sus mentes, sentirían la fuerza que sin saber porque, emitía ese nombre dibujado a base de rayas en aquella pared blanca.

Al salir del aseo, se percato de algo inusual, las luces estaban apagadas, algo raro ya que el encargado de esta función siempre había sido él. Se dirigió al mostrador desde la parte de abajo donde se encontraba, para preguntar si había algún problema eléctrico, o ha que se debía esta circunstancia. A medida que se acercaba vio una fuente concentrada de luz, que procedía del mostrador, lo que confirmo en su interior, que debido al fallo eléctrico, habían tenido que recurrir a esa iluminación auxiliar. Acelero el paso.

— ¡TE VAMOS A ECHAR DE MENOS!.

El grito al unísono de todos sus compañeros sobresalto a Carlos, por unos instantes quedo desorientado por aquel grito, pero pronto se dio cuenta de que no había ningún fallo en el sistema eléctrico, ahora encontraba la justificación a la reagrupación de sus compañeros esta mañana, ahora entendía el "porque" de las risas de complicidad que mostraban sus compañeros a lo largo de la tarde entre ellos. Le habían preparado en el mas absoluto secreto una tarta de despedida que sujetaba una vela en el centro, con el numero de los años que el había pasado en aquel lugar.

—Gracias a todos... De verdad. (Carlos agacho la cabeza para no hacer visible las lagrimas de emoción que brotaban de sus ojos). —No se que decir... (Una sonrisa se mezclaba con su gesto de emoción).

—No digas nada hombre... (Todos rieron ante el comentario de Cesar). —Y creo hablo en nombre de todos cuando digo. "No nos olvides".

Una vez mas sus lagrimas hicieron aparición, pero estas vez no intento esconderlas, le daba igual que lo vieran, que alguien pensara que era débil, o cualquier otra cosa parecida.

—Siempre os recordare. Para mi sois los mejores, todos y cada uno de vosotros. Hemos pasado momentos de todo tipo, buenos, malos, regulares, nunca hemos tenido secretos entre nosotros, estoy muy orgulloso de la fuerza que tenéis, ya que se el trabajo que os cuesta sacrificar vuestro tiempo, vuestras familias, vuestra vida. (Ante las palabras que Carlos iba diciendo, sus compañeros sonreían, todos menos Cesar, que permanecía con la mirada en el suelo. Era consciente de que estaba escarbando dentro de sus sentimientos, pero a pesar de este detalle siguió hablando, tenia un plan para él, se lo debía). —Hacéis todo este sacrificio para que vuestras correspondientes familias tengo un mínimo de calidad vida, a cambio de la vuestra. Y eso chicos... Os hace ser originales. Pero también os diré, que ya habéis demostrado vuestra valía, ya sabéis de lo que sois capaces, por eso, un día vosotros mismos seréis conscientes de que ha llegado el momento "del cambio", de tomar las riendas de vuestra vida, justo en ese momento, que puede ser hoy, mañana, o dentro de un mes, cuando sea, pero llegara, en ese instante usareis todo el dolor, el sufrimiento, la rabia, la desesperación, la pondréis debajo de vosotros, y la usareis como escalón para acercaros mas a donde queréis estar de verdad... (Carlos tenia intención de seguir hablando, pero un nudo en su garganta le enmudeció, por lo que decidió poner fin a su explosión con una ultima frase).

—¡SOIS LOS MEJORES JODER!

Entre besos y abrazos de despedida, su estancia allí finalizaba. Durante unos minutos, el tiempo que tardaron en comer aquella tarta, el ambiente estaba cargado de felicidad, por un momento todos habían olvidado donde se encontraban, la bromas, y el ambiente de fiesta, estaba disuadiendo sus mentes de que al día siguiente, todo seria igual que antes, las mismas quejas, y de que Carlos, no estaría para que pudiesen contar con él.

El personal abandonaba la tienda para dirigirse a sus correspondiente hogares, creando en la escena que antes había sido tan alegre, otra totalmente diferente, ahora solo quedaban Hugo, su jefe y él.

—Carlos firmame la documentación. (El tono brusco de su encargado le puso alerta, algo no iba ir bien).

—¿Aquí abajo?. (Pregunto a Hugo, señalando con su dedo un casilla con una equis pintada con bolígrafo).

— Si.

Mientras firmaba toda la documentación que le iban ofreciendo, no se detuvo ni un instante a intentar descifrar que ponía en esas hojas con tantos números, y largos textos, si algo tenia claro, es que en ningún momento iban a intentar favorecerlo, pero ya le daba igual, por supuesto no esperaba nada de ellos.

—Creo que ya esta todo... ¿no?.

—Si ya esta todo. (La mirada de Hugo evitaba el encuentro con la suya).

—Pues un placer. (Entregó su manojo de llaves, las que durante tanto tiempo fueron su responsabilidad, y a continuación, puso su mano delante, con intención de estrechar la de aquellos hombre, los cuales sin mucho interés le respondieron al gesto).

Las caras mostraban lo sorprendidos que estaban, ya que en algún momento, pensaron que Carlos y con mucha razón, iniciaría un conflicto en base a reclamar lo que le pertenecía. Pero por supuesto no actuó así, guardo las copias que le pertenecían de la documentación que acababa de firmar en su bolsa, y se marcho. A pesar de que permanecía de espaldas al mostrador dirigiéndose a la salida, podía sentir como las miradas de aquellos hombres, estaban puestas en su persona, supuso que esta actuación no era la que esperaban, por lo que tardarían unos segundos en asimilarlo, pese a todo, no sentía ningún tipo de rencor hacia ellos, solo hacían su trabajo.

Cada paso que daba, dejaba atrás su trabajo para siempre, fue invadido por una sensación desconocida, hacia mucho tiempo que no sentía nada igual, pero no podía desviar la atención ni un segundo, porque desde ahora, cada acto, cada situación, cada pensamiento contaba, cualquier gestión podría conducirle al mas estrepitoso fracaso, o por lo contrario al éxito mas grande imaginado. Ahora si era cierto, que solo dependía de el mismo. Pero había sido capaz de enfrentarse a unos de sus mayores miedos, a ese "perro rabioso", que le hacia tomar otro camino, por miedo a pasar cerca de el y ser herido. Había vencido.

—¡Estoy aquí!.

—¿Nene como ha ido?. (Raquel preguntaba ansiosa, mientras permanecía de pie justo en la entrada con sus hijas una a cada lado).

Todos eran conocedores del evento que tendría lugar hoy, por lo que necesitaban conocer el desenlace.

—Pues bien, ya esta. Aquí traigo la documentación. (Metió su mano en la bolsa para mostrar los papeles).

—¡Me han comprado una tarta y todo!.

—¿En serio?.

—Si nena, de despedida, la verdad que no me lo esperaba.

—¿Tu estas bien?, (su mujer necesitaba saber si detrás de aquella emoción y la sensación de felicidad que recibía de su marido era real).

—Si, me encuentro muy bien, de verdad. (Le dedico una sonrisa, mientras asentía con su cabeza).

Una vez que ya todos fueron informados sobre los acontecimientos, todo podía seguir su marcha normal, como siempre a esta hora se sentaron a la mesa, tantas emociones habían abierto el apetito de la familia.

—¿Bueno y mañana que?, (pregunto con burla la mujer), —¿Qué vas a hacer?, ¡no vayas a ponerte el despertador!. (Le recrimino de broma).

—Mañana he quedado con Marcos. Antes de poder dedicarme el tiempo a mi, necesito solucionar algunas cosas.

— Bueno como tu veas.

Por fin el día había terminado, confirmo una vez mas, que el despertador estaba puesto con bastante antelación en previsión de que cualquier imprevisto no le hiciera ser puntual a la cita que tenia con el Sr. Oliveira.

Tanta agitación estaban haciendo fuerza sobre su predisposición a dormir, aunque le hubiese gustado reflexionar sobre todo lo acontecido en el día, como era su costumbre, pero en esta ocasión, y pese a la oposición que ponía, fue vencido por el trance. Dando paso al siguiente amanecer .

Una nueva vida

La cocina emitía un característico olor a café, indicando así que ya estaba preparado, pero Carlos seguía de pie frente al armario, alumbrándose con la linterna de su móvil, para no despertar a su mujer, que aun seguía durmiendo, intentando elegir la ropa mas adecuada para la ocasión, en estos momentos sentía la rabia de no haber previsto esto antes, había pasado días enteros rodeado de ropa, y en ningún momento se le ocurrió pensar en comprarse algo, "por si acaso", se encontraba en un momento como este, pero bueno, ya no había solución, por lo que se declino por una de sus mejores camisas, su pantalón negro de vestir y sus botas. Ya estaba preparado, hacia mucho tiempo, que incluso no recordaba cuando fue la ultima vez que se puso ese calzado, pero al poco tiempo, recordó porque había sido así, debido al peso de estas, le resultaban muy incomodas para afrontar una larga jornada de trabajo de pie, pero en esta ocasión, eso ya no importaba.

El liquido marrón se había desbordado la cafetera, una gran mancha permanecía sobre el acero inoxidable de los fogones, con mucha cautela, en un intento de no manchar su ropa procedió a limpiarlo, agarro una bayeta y seco la superficie de la encimera.

Realmente se había anticipado mucho a la cita, aun faltaba mas de una hora, y el ya estaba totalmente preparado y predispuesto, para escuchar a ese cliente agradecido. Mientras que Raquel se encargaba de preparar a la pequeña Lidia para llevarla al colegio, y a la vez que también lo hacia ella, por lo que Carlos decidió rememorar algunos momentos de su vida a través de sus videos musicales favoritos, y así lo hizo. Se encontraba absorto en esas melodías que escuchaba, pero no podía dejar de prestar atención al reloj, había llegado el momento de tomar rumbo hacia su reunión.

Tras una breve despedida hacia el resto de la familia, que permanecían aun en casa, arranco su moto y partió, pero esta vez el destino era diferente.

No le costo mucho trabajo identificar el edifico donde se encontraba el despacho de Marcos, ya que aquella zona era bastante conocida por él, dejo su casco anclado a la moto, con la intención de tener absoluta libertad en sus manos, y no tener que andar cargando con el.

Justo delante, se alzaba un edificio de grandes ventanas de vidrio oscurecido, aparentemente, todas las paredes de aquel gigante, estaban hechas de cristal, en la placa de aluminio que estaba a escasos centímetros de los timbres, estaban escritos todas las empresas que recogía aquel inmueble, pero fue muy fácil identificar la planta que era ocupada por el Sr.Oliveira, ya que este nombre resaltaba sobre las demás inscripciones. Por lo que si mas demora, pulso el botón correspondiente. Tras unos segundos y emitiendo un fuerte sonido de desbloqueo la puerta permitiendo el paso.

Al entrar, Carlos quedo impresionado por las dimensiones de aquel hall, las puertas de los ascensores cubrían casi toda la parte de abajo, tan solo unos escasos veinte centímetros separan un habitáculo del siguiente, todo estaba perfectamente ordenado, el suelo reflejaba casi a modo de espejo, cualquier cosa que se posara en su superficie, una enorme lámpara de cristal, la cual proyectaba diferentes colores a consecuencia de la luz que reflejaba, colgaba del punto mas alto de aquel techo formado por grandes espejos, el cual en este momento reflejaba su gesto de intimidación. Al fondo, se percato que tras una mesa rectangular, permanecía un hombre de mediana edad, vestido de traje con chaqueta, el cual no paraba de descolgar el teléfono, debido a la insistencia de las llamadas que recibía. Supuso que tendría que recibir su aprobación para poder hacer uso de los ascensores, y acceder a la planta de Marcos.

—Hola buenos días. (Dijo Carlos con formalidad). —Había quedado con el Sr.Oliveira.

—Buenos días. Muy bien, pues diríjase al ascensor numero dos, es el que le llevara a su despacho.

—De acuerdo, muchas gracias. (Respondió Carlos mientras se dirigía donde el hombre le había indicado).

Fueron muy pocos segundos los que transcurrieron desde que pulso el botón de llamada, hasta que el ascensor acudía a su posición. Una vez dentro del habitáculo, cualquier duda de a donde tenia que dirigirse fue solucionada, ya que en aquel panel de control, solo habían dos botones, el que permanecía encendido, mostrando en el piso que se encontraba, y justo encima, el de la planta de destino.

Antes de que las grandes puertas de hierro estuviesen totalmente abiertas, Carlos desde su posición, pudo ver la elegancia del lugar, seguía la misma línea de decoración que todo el edificio, cristales oscuros, espejos, muebles de diseño, y por supuesto, ahí estaba la mujer que había recepcionado sus llamadas días atrás.

—Buenos días, soy Carlos Nicolás, el Sr.Oliveira me esperaba esta mañana.

—Si un momento por favor, le aviso que esta usted aquí. (Inmediatamente, la secretaria descolgó el teléfono y tan solo con dos pulsaciones a uno de los botones del aparato, ya estaba en contacto con él.

—¿Sr, Oliveira?,(tras una pausa). —Carlos Nicolás ha llegado. (Se hizo silencio por parte de ella, permanecía escuchando las instrucciones de su jefe). —De acuerdo.

—Pase por favor. (La mujer le indico una puerta de madera que se situaba a la derecha de ella).

— Gracias.

A pesar de la emoción que estaba sintiendo, fue capaz de frenar su acelerado caminar, y plantarse delante de aquella entrada, a pesar que ya disponía de autorización para acceder, quiso llamar a la puerta en símbolo de respeto.

—¡Adelante!. (la voz de Marcos le contestaba desde dentro).

—¡Hombre Carlos!, pasa por favor. (El hombre sonriente, se levanto de su sillón de piel, y se dirigió hasta donde el estaba, justo en el marco de la puerta, tras un fuerte apretón de manos, le pregunto).

—¿Qué tal como estas?, ¿qué tal en la tienda?.

—Pues la verdad que yo estoy muy bien... Y respecto a la tienda, ya no trabajo allí... (Ambos rieron).

—¡Ah, Es verdad!, bueno egoístamente me alegro por tu decisión, estaba claro que ese sitio no era para ti.

—Bueno siéntate que quiero hablar contigo.

El hombre se dirigió hasta su sillón, el cual seguía girando dada la fuerza con la que se levanto Marcos para saludarle. Mientras que Carlos tomaba asiento en una de las dos silla que permanecían al otro lado de la mesa.

—Es muy elegante este sitio. (Dijo Carlos mientras miraba a su alrededor).

—Si que lo es. Yo estaba igual que tu ahora mismo. (Dijo con una sonrisa). —Cuando me trasladaron aquí, me sentía muy perdido, pero bueno... Ya me voy a acostumbrando.

—Pensaba que este era tu despacho de siempre, (Añadió Carlos sorprendido).

—Que va, yo antes trabajaba en una oficina sencilla, un empleado a continuación de otro, en todas las posiciones tenia a alguien, la verdad es que tampoco era muy cómodo trabajar así... Pero debido al cargo que tengo ahora, pues decidieron mudarme, (tras una breve pausa). —Pero bueno no nos vayamos del tema.

Carlos era consciente que empezaba el momento en el que ese hombre le descubriría el verdadero motivo por el cual quería que se viniesen esa mañana. También sabia que aquella situación lo colocaba en desventaja, ya que no había podido prepararse mentalmente el acontecimiento, y posiblemente caería en la improvisación, lo que le conduciría al error. Pero si fue capaz de intuir sobre que tratarían, y por supuesto tenia un "plan", y el momento de ejecutarlo iba dar comienzo.

—Cuando te conocí, me recordaste mucho a mi, cuando me encontraba en una situación parecida a la que tu estabas, tenia un trabajo totalmente diferente al que tengo ahora, pero mi vocación no era esa, por lo tanto durante mis largas jornadas pensaba en lo que realmente me apasionaba, y por las noches, comenzaba de forma privada investigaciones, estudios, leía proyectos de otra gente, hasta que un día... Bueno ahora estoy aquí. Por eso Carlos... Quiero que trabajes conmigo, yo se cual es tu vocación, todos tenemos un "algo" especial, y el tuyo es ayudar a los demás...

Carlos estaba sorprendido, Leo ya le aviso de que algo así pasaría, pero ni el mismo se lo imaginaria que se tratase de esto. La mirada de Marcos era profunda, Carlos inevitablemente le sonrió, aquel hombre sabia lo que estaba diciendo.

—Necesito una persona como tu. (Marcos apoyo sus brazos sobre la mesa inclinándose hacia delante, para escuchar la repuesta a su proposición).

—Perdóneme por si la pregunta parece un poco absurda, pero... ¿Qué me esta ofreciendo?. (La mente de Carlos intentaba deducir a que se refería este hombre diciéndole esas palabras, no entendía de que trataba la oferta).

—Disculpa, (dijo marcos mientras reía). —He querido ir tan directo, que quizás no me he explicado bien, (hizo una breve pausa y continuo). —Mira Carlos, quiero que seas "el entrenador emocional de mi equipo". (Ante la cara de asombro de Carlos, el hombre siguió hablando). —Eres una persona con capacidad suficiente para controlar tus emociones, y administrar de forma correcta las situaciones, y esto es lo que necesito para mi gente, me lo demostraste en el momento que trate contigo...

Ahora ya no tenia ninguna duda. Por supuesto que le interesaba lo que le ofrecía, pero en otro momento de su vida habría accedido sin pensarlo, sintió la necesidad de aceptar ese "trabajo", jamás habría soñado con dedicarse a algo parecido, era una gran oportunidad que marcaría la diferencia con todos sus trabajos anteriores, pasaría a ser una persona totalmente respetada, y tenia claro que le daba igual el sueldo que le ofrecieran, para él, seria un placer ejercer esta función. Ante la falta de respuesta de Carlos, el Sr. Oliveira pensó que algo no le parecía del todo bien por lo que añadió).

—Si lo que te preocupa es el sueldo, no hay problema, seguro te va a parecer bien. (Carlos levanto la mirada ya que estaba dando por hecho que la cantidad que le ofrecía le haría salir de dudas y eso ya no le parecía tan bien). —Ya que te lo vas a poner tu. (Otra vez la sorpresa se mostró en el gesto de Carlos, de nuevo no entendía que quería decirle, pero era el momento de que interviniera).

—Marcos... En ningún momento me habría imaginado que me ofrecerías algo parecido, (vio como aquel hombre sonreía de forma orgullosa). —Y de verdad te digo, que me siento muy halagado con tu proposición, pero hay un problema... (Carlos bajo la mirada se encontraba en una lucha interna entre lo que debía y lo que quiera hacer en ese momento).

—Bueno para esto estas tu, para resolverlo. ¿Verdad?. (La seguridad de las palabras de Marcos le hacia sentir inseguro, intuía que el ya sabia como acabaría la conversación).

—Yo he dejado mi trabajo por un motivo muy importante para mi... Siento que he perdido mucho tiempo estando allí, por lo cual, no puedo aplazarlo mas. (Esta explicación sabia que no era lo bastante consistente como para justificar el rechazo a su oferta, por lo que quiso darle mas razones). —Pero aparte yo no dispongo de la formación necesaria para lo que tu quieres que haga. (Este si era un buen argumento pensó).

—Lo se. Por eso te voy a formar en este ámbito, yo cubriré todos los gastos de tu formación. Quiero que seas el mejor. Se que tienes una buena base, una cualidad especial por eso te necesito.

La mente de Carlos estaba obstruida, era incapaz de mostrar un pensamiento claro, todas las palabras de ese hombre se amontonaban una encima de otra, estaba claro que aquel hombre quería de verdad que él estuviese en su equipo, se estaba esforzando por convencerlo, todo lo que le ofrecía eran facilidades. Carlos se detuvo unos instantes, con la intención de analizar la verdadera esencia del lo que estaba ocurriendo, por algún motivo desconocido para él, en su mente apareció la imagen de su gran amigo Leo, y una sensación de paz le abordo. Era consciente de que esa formación le ayudaría mucho a cumplir su sueño, realmente lo que el quería era poder ayudar a los demás, guiar a las personas hacia su camino, a encontrar su posición en la vida. Pero bajo ningún concepto volvería a apartarse de su objetivo. Escribir.

—Marcos, te agradezco lo que me estas diciendo, para mi es muy importante que alguien me valore como tu lo estas haciendo, yo... Estoy dispuesto a trabajar para ti.

—¡Claro que si!. (La exclamación del hombre sobresalto a Carlos). —¡Muy bien!. (La sonrisa en su rostro mostraba una aprobación total a su decisión, a lo que Carlos le imito el gesto).

—Pero... Solo te pido dos cosas. (Ambos hombres habían borrado las sonrisas, los gestos se tornaron serios, mantenían la mirada fija entre ellos, no todo era tan perfecto como había pensado). —Necesito tiempo para poder dedicarme a mis cosas. (Pensó que no era oportuno revelar su sueño). —Y que le des trabajo a una persona mas... (Era el momento de liberar "su plan", sacar a su compañero Cesar de su infierno).

Tras unos segundos de silencio, que a la percepción de Carlos le parecieron horas, veía como Marcos abandonaba la postura que había mantenido durante toda la conversación, y se reclinaba hacia atrás en su sillón de piel marrón, con la intención de meditar aquellas proposiciones. Ante la posición dubitativa de aquel hombre Carlos quiso facilitarle un poco la decisión, aportando algo mas de información.

—Es una gran persona, ya lo veras, puedes ponerlo en un puesto de lo que sea, el se adapta muy rápido. Y para mi es muy importante tenerlo cerca... Me ha ayudado en muchas ocasiones, y ahora me toca a mi.

Parte del plan que tenia Carlos era este, cuando escucho a su compañero el día anterior lamentarse amargamente del estado en que se encontraba. Pensó en este momento, en buscar la forma de arrancarlo de allí, aun no sabia si lo conseguiría, pero al menos, lo estaba intentando.

—Págame menos a mi... (Marcos interrumpió las justificaciones de Carlos).

—Tranquilo Carlos, no estoy pensando en eso.

El tono de su respuesta le hizo sentir que su propuesta no iba a ser aceptada, por lo que Carlos pensó en poner fin a la conversación.

—¿Cuándo podéis empezar?.

—¿Cómo?, (no estaba seguro de que quería decir con esa pregunta, ¿significaba que aceptaba su proposición?, había dicho "podéis", ¡se refería a los dos!).

Debido a la emoción que sentía Carlos, ya que si no lo había entendido mal, y estaba casi seguro de que no fue así, causo que sus ojos se desprendieran de una lagrima, que rápidamente fue retirada por su mano. Marcos quiso actuar como si este gesto no hubiese pasado, de tal forma que no hizo comentario alguno, pero su sonrisa mostraba la emoción que le estaba trasmitiendo su "nuevo empleado".

—Bueno Carlos, ¿te parece bien que empecemos el lunes de la semana que viene?, tráete al otro chico que me has comentado, y ya veremos donde lo ponemos... Eso no es problema, aquí hay muchas cosas que hacer. (Dijo sonriente). —Pues a las nueve el lunes entonces. (Ratifico).

En ese momento no hubiese hecho falta hablar mas, las miradas cruzadas de aquellos dos hombres estaba sellando un pacto entre caballeros, un respeto máximo, una lealtad que no era habitual en las personas que había encontrado a lo largo de su vida. De nuevo, otra lagrima, le resultaba imposible por mucho que se esforzaba por contenerlas, pero en esta ocasión, no pudo evitar pensar en el momento en que le diese la noticia a Cesar.

—Si claro que si, (balbuceo Carlos, el nudo de su garganta no le permitía vocalizar bien).

—Ves Carlos que fácil a sido... (Dijo mientras se levantaba, la conversación había finalizado, Carlos también se incorporo).

Estaba clara la intención de quitar tensión al momento de aquel hombre, era consciente de que su empleado estaba pasando un momento difícil, por lo que llego el momento de confirmar lo pactado, con un fuerte apretón de manos. Y así fue. El compromiso por ambas partes estaba firmado.

Carlos emprendió su marcha con paso firme, orgulloso, aun secaba algunos resto de lagrimas de sus ojos, se despidió de la secretaria que seguía en el mismo lugar, teléfono en mano en esta ocasión, y se dirigió hacia el ascensor que lo llevaría de vuelta a la salida de aquel gran edificio de grandes espejos, que desde el lunes, formaría parte de su rutina habitual. Por ultimo se despidió con una gran amabilidad del señor que permanecía en la entrada, y se dispuso a salir, necesitaba respirar un poco el ambiente de la calle, escuchar el ruido de la ciudad, todo había sido muy intenso ahí dentro.

Con cada persona que se cruzaba en su camino, sentía la necesidad de contarle lo que le acababa de suceder, aun y a pesar de tenerlo todo claro, no podía creerlo. Empezó a pensar en el momento en que le dijera a Leo los hechos acontecidos, ya que a la conclusión que ellos llegaron en su momento, era un poco diferente a lo que en realidad había pasado. Su familia, su mujer, no se lo van a creer, pensó mientras levantaba su pierna derecha para subirse a su moto. Que sin arrancar, le mantenía sentado sobre ella, mientras que intentaba tranquilizarse antes de emprender su marcha.

La mañana transcurría muy diferente a las demás, podía hacer todo aquello que antes su trabajo no le permitía, pero a pesar de ello, quiso empezar a sentirse mas cerca de su finalidad, lo que hoy le había llevado a estar en el punto en el que se encontraba, por lo que arranco su moto y puso rumbo al centro comercial mas cercano.

Debido a la hora que era, no contaba con la cantidad de gente que también merodeaba por aquellas tiendas, una pegada a la otra, sin separación, casi los escaparates parecían la continuación de la primera tienda que formaba aquella inmensa fila. Pero sabia donde tenia que ir, a la sección de libros. Dado que no buscaba nada en concreto, rechazo de una forma muy educada la ayuda que le ofrecían los empleados de la librería. Ya que la cantidad ejemplares que habían dificultaba mucho la localización de alguno en concreto. Pensó como seria la sensación de estar en aquel lugar, y que uno de sus libros formara parte de aquella infinidad de títulos. Inmerso en esta idea, cogió uno que llamo su atención, no era excesivamente grueso, ni demasiado fino, el tamaño era el adecuado para unas manos como las suyas, al abrirlo percibió la olor a papel que le hizo cerrar sus ojos, he imaginar que ese libro que sujetaba era el suyo. Volvió a recolocarlo en su sitio de origen, por no romper el orden establecido en ellos, fue analizando cada uno de los tamaños, cantidades de paginas, y cualquier detalle que le sirviera de orientación, para cuando llegase el momento en que empezara a escribir el suyo. Con un esquema mental aproximado del modelo a seguir, había llegado el momento de regresar a casa, Raquel y las niñas no tardarían en llegar, y dado que tenia tiempo, la comida de hoy seria algo especial, habían muchos eventos que celebrar. El que si iba a tener un gran motivo de festividad esta noche, seria su compañero Cesar, estaba impaciente por que llegase la hora de verlo y poder anunciarle la noticia, pero aun tenia que transcurrir un largo día, hasta que a ultima hora pudiese verlo.

Ya en casa y buscando un lugar donde esconder la tarta que había comprado se dio cuenta de la hora que era.

—¡Que rápido pasa el tiempo así!, (pensó en voz alta).

Estaba sorprendido de la velocidad en la que había pasado la mañana, no estaba acostumbrado a esa sensación. Por lo que una vez mas, tuvo que recurrir a preparar algo rápido de comer. En breve llegarían.

La mesa estaba puesta, una ensalada y otra fuente con carne al centro, y cada cual su plato frente a su silla correspondiente aun sin ocupar.

—¡¿Hola?!... (desde la puerta Raquel confirmaba la presencia de Carlos).

—¡Si!, estoy aquí.

—A vale, es que no sabia si ibas a estar, pensaba que estarías aun en la entrevista. (Carlos emitió una gran risotada).

—Hola Papa. (Las niñas besaban a su padre mientras este se agachaba para recibirlas).

—Nene, ¿cómo ha ido?.

—Vamos a comer y te cuento.

Durante la comida, Carlos compartió con su familia todos los acontecimientos que se habían dado en la entrevista, la expresión de su mujer mostraba la fascinación que sentía a lo que su marido le estaba contando, las niñas sintiendo la emoción con la que su padre se expresaba también formaron parte de la conversación. Todos se sentían muy contentos por todo lo acontecido, pero hubo algo que Carlos no quiso contar, ya que no considero que era correcto, por lo que mantuvo al margen a Cesar, ese tema era algo muy personal, y que por fin se resolvería. Como cada día, y dado que los demás seguían con su rutina habitual, procedieron al terminar de comer, a dedicarse unos minutos de descanso para enfrentarse a la tarde. Las niñas jugaban en el suelo de la habitación de Sandra, mientras que Raquel cerraba los ojos recostada sobre el sofá. Había algo que Carlos no tenia planeado, y era a que dedicar la tarde, hasta la cita con su compañero, barajo varias opciones, todas de ellas validas, pero ninguna le convencía del todo, incluso se le ocurrió llamar a Leo, pero hasta eso no le pareció una buena decisión, de todas formas, lo vería a la mañana siguiente, en el mismo sitio, a la misma hora, pero no el mismo día que de costumbre.

Ya tenia claro su siguiente paso hoy, espero a que Raquel se marchara, y que las niñas despertaran de la pequeña siesta en la que permanecían. Tras compartir con ellas las tareas escolares se marcho.

De nuevo todos aquellos libros le rodeaban, que tremenda sensación le invadía con tan solo encontrarse ahí, en ese lugar, un culto a las ideas de una multitud de personas que compartían su sueño. Paso su mirada por encima de algunos lomos, que prácticamente, era lo único que se veía, reviso casi todos los títulos que se mostraban frente a él, y de una manera irremediable se pregunto.

—¿En que se basaran para inventar el titulo?.

La duda le abordo debido a que algunos de los argumentos no tenían nada que ver a simple vista con el nombre del libro, pero esta duda, sabia que en algún momento el mismo se la resolvería, ya que estaría en una situación semejante a la de todas aquellas personas, que antes de que su escrito estuviese sobre aquellas estanterías, también dieron ese paso. El tiempo pasaba, y a pesar de lo cómodo que Carlos se sentía en aquella sección, la hora tan esperada estaba cerca. Tenia una cita con Cesar.

Las farolas ya estaban encendidas, la oscuridad inundaba la ciudad, a su paso, algunas pequeñas tiendas ya habían cerrado, otras en breve también lo harían, incluso se percato de nuevos comercios, que debido a su falta de tiempo, no era conocedor que estaban, todo estaba muy cambiado, ¿cuantas cosas me habré perdido?... Pensaba amargamente mientras se dirigía al punto de reunión, pero por suerte esto había cambiado.

Sabia que Cesar no tardaría en aparecer, por lo que bajo de su moto, y espero paciente su llegada. Por un momento pensó que quizás había olvidado que habían quedado hoy al terminar su jornada, pero sin que Carlos pudiese terminar de sacar sus conclusiones, su compañero estaba justo frente a él.

—Hola Carlos.(su tono apagado, demostraba su cansancio). —¿Cómo estas?, (le pregunto con una risa forzada, mientras que ambos se saludaban con un semi abrazo).

—Bien, muy bien.... (Contesto alegremente, lo que creó mucho contraste con la voz de Cesar, pero Carlos sabia que en breve todo cambiaria). —¿Y tu?

—Me alegro, pues yo bien, como siempre, ya sabes tu mejor que nadie lo que pasa aquí.

—¡Vaya que si lo se!, (dijo con ironía). —¿Qué vas a hacer ahora Cesar?. (Era consciente de que ambos eran conocedores de su problema, por lo que la pregunta, estaba helando la sangre de su compañero, pero era necesario hacerlo de este modo, el chico permaneció en silencio pero se vio en obligación de contestar).

—Pues Carlos ya lo sabes... no me lo pongas mas difícil por favor. (La cabeza de aquel hombre bajo, el peso de la culpabilidad estaba cayendo sobre su consciencia). —Sabes que no puedo evitarlo... ¡Joder!, (la rabia que sentía hacia el mismo, la proyecto en Carlos, al que culpaba de esta sensación, que a su parecer no debía de haber tratado este tema). —¿¡Qué quieres¡?, (Pregunto de forma brusca).

—¿Que entregarías por cambiar de vida Cesar?. (Carlos se mantuvo firme en su pregunta, lo que ocasiono que su amigo estallara en sinceridad, sabia que estaba enfadado, pero él, no era el motivo, solo trataba de ayudarlo. Y lo iba a conseguir).

—¡Todo Carlos!,¡Todo lo que tengo!, ¡Todo mi puto dinero, mi casa, mi coche!, ¡lo que sea!, ¿¡Crees que a mi me gusta vivir así!?.

Aquel hombre gritaba de amargura en medio de la calle, no le importaba la gente que pudiese pensar que estaba loco, o que se pensaran que estaban discutiendo todo le daba igual.

—Ahora quiero que me escuches atentamente por favor, tengo algo muy importante que decirte... (Dijo Carlos apaciguándolo con la mano).

La luz anaranjada de una de las farolas que alumbraban aquella calle oscura, iluminaba los rostros de ambos hombres, a pesar de las sombras creadas, se distinguía perfectamente el gesto serio de ambos. Permanecían de pie uno frente a otro, los lamentos habían cesado, en la ciudad se hizo el mas pulcro silencio, el entorno había desaparecido, en sus retinas solo se reflejaba la imagen de la persona que tenia enfrente.

—Cesar el lunes empiezas en un nuevo trabajo.

—¡¿Qué estas diciendo!?. (Pese a que no creía lo que estaba escuchando, rompió a llorar, cada lagrima que caía al suelo, limpiaba parte del sufrimiento de aquel hombre). —¿Carlos que dices?. (Balbuceo entre sollozos).

—Lo que estas oyendo. El lunes empiezas en un nuevo trabajo.

Carlos le repitió orgulloso de sus palabras, quiso esperar a que se tranquilizara para poder explicarle con calma.

—¡Pero por favor, cuéntame algo mas!. (Casi suplicaba mientras intentaba volver a un estado normal).

Carlos dedico unos minutos a explicarle a Cesar los acontecimientos de esta mañana, con todo detalle le describió la estructura del edificio donde se encontraban aquellas oficinas, el comportamiento exquisito de Marcos durante la reunión, y como le había comentado a su nuevo jefe, de su existencia, también estuvieron charlando sobre los sueldos, algo que ha Carlos no le importaba mucho, pero le garantizo a su compañero que seria mas alto del que tenia ahora, y por supuesto, un horario normal. Entre risas y sollozos, Cesar escuchaba atento toda la explicación del que seguía siendo su compañero de trabajo, incluso decidió que mañana mismo notificaría en su empresa actual que el sábado al cierre, finalizaría su contrato y su estancia allí.

—¿Te parece bien?. (Pregunto Carlos orgulloso, pese a que la respuesta sabia que seria afirmativa).

—¡Me parece increíble!, no puedo describir como me siento... (Dijo con una enorme sonrisa). —No se como agradecerte esto que has hecho por mi amigo, ahora me arrepiento... (Bajo tanto el tono de voz que las ultimas palabras no fueron entendibles para Carlos).

Los ojos cristalizados de aquel hombre, mostraban el arrepentimiento que sentía por el rastro de los recuerdos del tiempo que había pasado intentado humillar, al que hoy le estaba cambiando la vida.

—Tranquilo, pero hay una cosa que tengo que pedirte, ahora necesito que tu me des algo a mi...

—Claro Carlos, faltaría mas, pídeme lo que quieras. (contesto el hombre emocionado, por lo menos podría tener un detalle de agradecimiento con él, que por supuesto se lo merecía).

—Quiero que a cambio de este nuevo trabajo que te ofrezco, me entregues...

—¡Lo que quieras!, (su compañero estaba emocionado, estaba recibiendo mucho y sentía la obligación de satisfacerlo).

—Cesar, quiero que me entregues tu adicción, (Carlos hizo una pausa, era consciente del shock que esto estaba causando en la mente de su compañero). —Solo te pido que abandones tus miedos, y que cada mañana que te levantes des gracias por todas las cosas buenas que tienes. Solo te pido eso. Hoy empieza la vida que tanto reclamabas, demuéstrate que estabas equivocado, que no eres un perdedor, que lo que pensabas de ti, no era cierto, ¡ahora es el momento!. (Carlos mantuvo la mirada firme, por supuesto no aceptaría una negación por respuesta). —Necesito que me des tu palabra de honor.

—Voy a demostrarte que no te has equivocado conmigo Carlos. (A pesar de la sorpresa que sentía Cesar, fue capaz de mantener la calma y acceder a la petición de su amigo). —Tienes mi palabra, que mi condena interna, termina hoy. Estoy deseando llegar a mi casa para contárselo a mi mujer... Eres un buen hombre Carlos, nunca olvidare esto, ¡jamás!.

Un fuerte apretón de manos, y un gran abrazo cargado de emoción entre aquellos dos hombres, puso fin al momento. Mientras veía como Cesar se alejaba con rápidos pasos, Carlos volvía a subirse a su moto, y ponía rumbo a casa, tenia que prepararse para mañana, tenia muchas ganas de ver a su gran amigo Leo, cuando le contara todo lo que estaba pasando, seguro se alegraría. Saco su teléfono y le mando un mensaje a su mujer diciéndole que ya iba a casa, dada la hora que era, sabia que estaría preocupada.

Una vez en casa Raquel intuyó que algún bueno le había pasado, ya que el rostro de su marido, no podía dejar de sonreír.

—¿Cómo ha ido nene?. (Le pregunto a pesar de que no tenia conocimiento de donde había estado).

—Todo... muy bien... Estaba resolviendo una ultima gestión. (Dijo mientras le guiñaba un ojo símbolo de complicidad).

Todos permanecían en la mesa dispuesto a cenar, pero Carlos no tenia nada de hambre, todo había sido muy emotivo para él, y mas que alimentar su cuerpo, necesitaba nutrir su mente, con todos aquellos acontecimientos, hacia mucho tiempo que no se sentía así, la sensación que le aportaba ayudar a los demás, era algo inmejorable para él. Durante el rato que se mantuvieron todos en la mesa, no quiso hacer mención de nada relacionado con su nuevo trabajo, de los acontecimientos de su compañero Cesar, de su cita mañana con Leo, de su previsión a mañana mismo empezar a escribir, ya estaba todo resuelto, y su nuevo camino oficialmente empezaba ahora.

Ya era tarde, las niñas ya permanecían acostadas, Carlos y su mujer esperaron un poco, para guardar su momento de intimidad, y poder así expresarse con tranquilidad, Raquel compartió con él, todas las novedades que le había traído el día, le contaba sobre algunos clientes molestos, otros mas agradables, pero en general, todos muy buenas personas. La conversación estaba resultando muy animada, pero pese a esto, Carlos necesitaba finalizar el día, esperaba con muchísima ansia poder compartir sus pensamientos con Leo. Por lo que decidió ir a dormir, era la única manera de pasar las horas que faltaban.

El Despertar.

Casi de un salto se levanto de la cama, por primera vez desde hacia ya mucho tiempo, el despertador le arrancaba del estado en el que se encontraba, estaba totalmente descansado, había sido una noche inmejorable, incluso los sueños que tuvo, le ayudaron en su fase de descanso. Le resultaba extraño verse vistiéndose con ropa deportiva, incluso quiso ponerse ese calzado tan desgastado que solo guardaba por si acaso, en algún momento no tenia otra alternativa. Era aun bastante temprano, mas que de costumbre, pero no quiso hacer esperar a Leo, por lo que decidió bajar y tomarse el café en el bar con su compañía. La corriente de aire frió de aquella mañana era algo inusual, ya que debido a la posición de los edificios colindantes no permitían el paso del mismo, pero no le importo, por un momento pensó en volver a subir, y coger algo mas abrigado pero la emoción de pensar en el gesto que pondría su amigo, le impedía perder mas tiempo. Todo estaba como siempre, el ya había vivido esta escena, la camarera invariable de aquel bar, limpiaba las mesas metálicas preparando así la terraza para que los clientes hicieran uso, el establecimiento vació, la televisión encendida en la esquina superior de la barra, emitiendo el noticiario de esa hora, y una olor característica a café y dulce, invadió a Carlos en el momento que abrió la puerta para sentarse en la barra. Aquel lugar, donde todo empezó. Antes de anticiparse a pedir a la camarera, desde su taburete reviso a través de las grandes cristaleras por si su amigo se encontraba en la cercanía, pero no fue así. Pensó que era demasiado temprano incluso para él, por lo que decidió pedirse algo mientras lo esperaba, no tardaría en llegar.

—Buenos días, (dijo a la camarera con intención de llamar su atención, ya que seguía afanada en la limpieza del mobiliario).

—¡Hola!, (respondió sobresaltada no se había percatado de su presencia). —¿Qué te pongo?, (pregunto con tono amable).

—Un café solo por favor.

—¿Uno?.

—Si, de momento si. Ahora cuando venga mi amigo que el pida lo que quiera. (Contesto Carlos a pesar de que sabia que compartían los mismos gustos y que pediría lo mismo).

Carlos percibió como fruncía el ceño la camarera, símbolo de la extrañez que sentía, a lo que entendió que se debía a la falta de costumbre de verlo un día entre semana en su local, ya que ella sabia que solo bajaba los domingos.

Su consumición no se hizo esperar demasiado tiempo, aquella taza humeante de liquido oscuro se encontraba frente a él. A pesar de sus continuas revisiones al exterior, no veía a Leo, por lo que decidió leer un periódico que permanecía al extremo contrario de la barra donde el estaba, pensó que seria una buena forma de evadirse mientras le esperaba, y así dejar de controlar la hora. Pasaba las hojas sin interés alguno sobre las noticias que anunciaban, estaba sintiendo algo que no le aportaba nada de tranquilidad. ¿Dónde esta Leo?.

La ultima pagina de aquel diario daba por finalizada su "lectura", la taza permanecía vacía, absorto en sus pensamientos, no fue consciente de que lo había acabado, le pareció que había pasado mucho tiempo, y que su amigo aun no había llegado. Y esto empezó a preocuparle,

—Él nunca me ha fallado, ¿le habrá pasado algo?. (Pensó). — No es normal que no este aquí ya.

Volvió a revisar el exterior pero tampoco lo veía ni a lo lejos, se levanto, y se acerco a la puerta para intentar cambiar la perspectiva de visión, pero tampoco obtuvo el resultado que se esperaba, los alrededores estaban vacíos, Leo no estaba. Pensó que quizás le había pasado antes que él, y le dejo algún mensaje a la camarera, y ella se olvido de comunicárselo. Por lo que decidió preguntar.

—Perdona chica. (Forzando un tono simpático, se dirigió a la camarera, pese a que la ansiedad que estaba sintiendo en ese momento).

—¿Si?.

—¿Ha dejado alguien algún mensaje para mi esta mañana?.

—No señor. Usted fue el primer cliente del día. (La muchacha sonrió, pero Carlos se mantenía serio).

—¿Te puedo hacer una pregunta?. (Ante el gesto de incertidumbre de la camarera, Carlos quiso especificar a que se refería, debido al trabajo que tenia ella, podría pensar que seria algo respecto a lo personal). —Es que tengo un problema...

—Si claro dígame.

—Tu sabes que durante las ultimas semanas... (Detuvo sus palabras, para hacer una ultima revisión antes de continuar hablando a fuera por si Leo estaba cerca). —Los domingos por la mañana, siempre vengo a tomar café aquí.

—Si claro, suele ser usted de los primeros. (Añadió la chica con intención de mostrar que realmente lo recordaba, pero aun no entendía a que quería hacer referencia aquel cliente).

—¡Bien!, (exclamó Carlos, para el era importante que lo recordase con claridad, era consciente de la cantidad de gente que pasaba por el bar). —Necesito que me diga, por favor, si hoy, o del domingo a esta mañana, ha pasado por aquí mi amigo Leo... Es este hombre que toma café conmigo todos los domingos por la mañana...

Carlos se sintió aliviado, tenia fe, en que aquella chica le aportara una respuesta satisfactoria a su duda.

—No se de quien me habla caballero. (Dijo la chica con mucha educación, pero su cara reflejaba la inquietud de las palabras de su cliente, pero realmente no sabia a que se refería).

—¡Joder!, Vamos a ver...

Carlos fue asaltado por una sensación de impotencia. ¿Cómo podía ser posible que lo recordara a él, y a Leo no?, siempre estaba a su lado, (Pensó con amargura).

—Es un hombre alto, con barba, muy corpulento, calvo... (Carlos pensó de que tras una descripción tan detallada la chica lo recordaría sin problema).

—Caballero, siento decirle... (Por algún motivo intuía que la repuesta no iba a ser de su agrado). —Usted siempre venia solo y se iba solo, en ningún momento compartió sus cafés con nadie.

El zumbido en los oídos de Carlos no le permitía escuchar nada mas, su respiración cortada y la rápida palpitación de su corazón, le estaban haciendo entrar en un estado de pánico, sus manos estaban temblorosas, por unos instantes pensó que perdería el conocimiento, pero el sonido del vaso con agua al posarse en la barra de metal, que le ofrecía la camarera al darse cuenta de su estado, le hizo volver en si.

—¿Se encuentra usted bien?. (Pregunto la chica preocupada).

—Si... Bueno... (Balbuceo tras un pequeño trago de agua). —No me estas gastando una broma, ¿verdad?.

—No señor. (La muchacha no sabia que era lo que estaba pasando, pero ese hombre estaba mal, por lo que intento aclararle un poco la situación). —A ver caballero, usted siempre pedía dos cafés, como cada domingo, pero eso no me llamaba la atención, ya que muchos de mis clientes prefieren hacerlo así, a pedir uno largo. (Carlos a pesar de la desorientación que estaba sufriendo intentaba prestar la máxima atención a la chica).

—Pero... lo que si me parecía un tanto extraño era su actitud.

—¿Pero mi actitud por que?.

Necesitaba aclarar que estaba pasando en su mente ahora mismo, el seguía viendo la imagen de Leo en su cabeza, no era posible que no existiera, el lo había visto, era su amigo.

—Por la forma en que bebía los cafés... (añadió ella), Tomaba un trago de cada uno, dejaba pasar un tiempo y volvía a hacer lo mismo. Y esto lo hizo durante cada domingo que usted paso por aquí.

Su mirada mostraba la lastima hacia lo que sabia que estaba sintiendo ese hombre tembloroso, que permanecía envuelto en un sudor frió. Carlos, a pesar de las explicaciones que estaba recibiendo no podía creerlo, esto no podía ser posible, pensaba en su cabeza que aquella camarera, estaba equivocada, pero ya había oído bastante tenia que salir del bar, necesitaba respirar algo de aire limpio. A pesar del estado en el que se encontraba, quiso pagar su consumición, a lo que la camarera se negó, invitándole en estas ocasión.

Con una gran desorientación y sin saber a donde ir abrió bruscamente la puerta para dirigirse al exterior.

Parado a escasos metros de las mesas de aquella terraza, donde durante tantas horas había pasado con su gran amigo Leo, estaban empezando a ser ocupadas por personas que supuso desayunaban allí entre semana, por lo que no era un buen lugar para intentar resolver todas las dudas que lo poseían en este momento.

Sin poder marcarse un destino, ando sin pausa por un largo tiempo, en su cabeza, todo estaba muy desordenado, sabia que no podía permitir que eso pasara, ya que siempre su "amigo" Leo le decía, que no improvisara. Pero el tan solo recordar esto, hizo que se encontrara aun peor.

El entorno le era familiar, no era consciente como había llegado hasta ese lugar, pero ahí estaba, justo delante de él, aquella enorme piedra, a la orilla del sucio río, la cual es su momento, sirvió de asiento para ambos, y sobre la que pesaba una de tantas conversación con... Leo.

Permaneció sentado en la misma roca durante un largo tiempo, con gran esfuerzo intento luchar con su razonamiento lógico, el cual tan solo le indicaba, que todo se debía a un error de la información que había recibido de la camarera, que su amigo existía, y que pronto aparecería, y todo volvería a ser como antes. Pero por algún motivo... El cual a pesar de todo lo mal que se encontraba en ese instante, le hacia sonreír, era el pensamiento que vibraba con mucha mas fuerza en su interior que el anterior razonamiento. Y tras analizar todas las "conversaciones", llego a la conclusión de que Leo... Era él.

La imagen que guardaba de su gran amigo, se desvaneció de su mente, aquel hombre, aquellas conversaciones, todas esas frases de motivación, la cantidad de explicaciones a todos los acontecimientos que vivía, todas las respuestas... Estaban guardadas en su interior, permaneciendo ocultas en aquella parte de su inconsciente, a la cual nos cuesta tanto acceder, pero que debido a la gran necesidad de cambio, de resurgir, el mismo Carlos, había desbloqueado.

A pesar de haber cambiado la sensación de desolación que sentía hace minutos, por una paz inmensa, recordó que "Leo" le dio un numero de teléfono, por un instante pensó que seria alguna forma de contactar con él, era consciente de lo absurdo de su pensamiento, pero a pesar de ello. Quiso hacer la prueba.

—¡Maldita sea!. Con la prisa... ¡Joder!. (Dijo en voz alta).

Mientras tanto su mano recorría todos los bolsillos de su pantalón de chándal, había olvidado el teléfono móvil en casa.

Pese a que todo el mundo que lo miraba, el seguía corriendo por las calles, que durante esos domingos de meditación, se encontraban vacías. Con gran esfuerzo, y casi sin aire debido al esfuerzo físico, se sentó sobre la cama con la intención de retomar aliento, sobre la mesa de su lado de la cama, permanecía su móvil, sin pensar se dispuso a buscar en su agenda el numero de Leo, su mirada se posaba sobre aquellas tres letras, tan solo un toque al botón de llamar, lo separaban de resolver su ultima duda. Tras demorar unos segundos así lo hizo.

Casi a la misma vez que a través de uno de sus oídos escuchaba los tonos de llamada, se producía una mezcla en su cabeza, ya que por el otro, estaba escuchando la melodía procedente del teléfono que semanas atrás Carlos le había dado a su mujer, para que a modo de despertador lo usara, por si en algún momento el suyo fallaba.

El resto de la mañana la pasó sentado en el sofá, frente a él, la televisión estaba apagada, entre lagrimas y sonrisas, a causa de los recuerdos que tenia, pasaba el tiempo sin ser consciente de la hora, pero sabia que en algún momento el resto de la familia haría aparición en la casa, lo que esto, le hacia surgir otra duda, si contarles lo que le había sucedido, que seguramente, les haría pensar que sufría de algún trastorno mental... O quizás no, y lo entenderían, no lo tenia muy claro, no era capaz de decidir en este momento como actuar. Miro el reloj con la intención de planificarse, necesitaba saber de que tiempo disponía para aclarar su cuestión, dándose cuenta de lo temprano que era aun, había empezado el día muy pronto, todo había pasado con mucha intensidad en esa mañana de miércoles. Por lo que guiado por las palabras de "Su Amigo", que pese a todo, siempre estaría en su memoria, recordó una de sus "conversaciones" en las cuales le decía, "No puede haber secretos en la familia", por lo que decidió no ocultarlo, encendió su ordenador, abrió su procesador de texto, en el cual y desde ese día, usaría para escribir su primer libro, su sueño empezaba a tomar forma, y de este modo, serian informados sobre lo que había pasado y quizás, en algún momento, a alguien le sirviera para conocer a ese "Yo" interno, el que tiene la fuerza y las razones para empujarnos a tomar la decisión correcta, en todos nuestros actos de nuestra vida, ese "Yo", que hará que todo cambie, que todo sea diferente, que a pesar de la tormenta, las dificultades, de los continuos fracasos, que a pesar de que cada uno de nuestros miedos que nos retienen, que pese a que sentimos que estamos en un punto sin retorno, somos capaces de luchar contra todo eso, que cualquier problema que tenga el valor de ponerse delante de nosotros, hará que nuestros hombros se echen hacia atrás, que levantemos la cabeza, y con nuestra mejor sonrisa... Lo venzamos sin compasión.

Una pequeña línea vertical de color negro parpadeaba continuamente sobre una hoja en blanco, reclamando así la atención de Carlos, era el momento de poner titulo al libro.

No se detuvo mucho en pensar este dato, ya que lo tenia bastante claro, usaría algo que continuamente le recordase el motivo de su nueva vida. Por lo que posó sus manos sobre el teclado y escribió. "*Un café con Leo*".

www.ingramcontent.com/pod-product-compliance
Lightning Source LLC
Chambersburg PA
CBHW030422290526
45786CB00001B/97